5 ASTUCES POUR DÉMARRER !

1) COMMENT RÉSOUDRE LES MOTS MÊLÉS

Les puzzles sont dans un format classique :

- Les mots sont cachés sans espaces, tirets, ...
- Orientation : Les mots peuvent être écrits en avant, en arrière, vers le haut, vers le bas ou en diagonale (ils peuvent être inversés).
- Les mots peuvent se chevaucher ou se croiser.

2) UN APPRENTISSAGE ACTIF

Un espace est prévu à côté de chaque mots pour noter la traduction. Pour favoriser un apprentissage actif un **DICTIONNAIRE** à la fin de cette édition vous permettra de vérifier et étendre vos connaissances. Cherchez et notez les traductions, trouvez-les dans le Puzzle et ajoutez-les à votre vocabulaire !

3) MARQUEZ LES MOTS

Vous pouvez inventer votre propre système de marquage. Peut-être en utilisez-vous déjà un ? Sinon, vous pourriez, par exemple, marquer les mots qui ont été difficiles à trouver d'une croix, ceux que vous avez aimés d'une étoile, les mots nouveaux d'un triangle, les mots rares d'un diamant, etc...

4) STRUCTUREZ VOTRE APPRENTISSAGE

Cette édition vous offre un **CARNET DE NOTES** très pratique à la fin du livre. En vacances ou en voyage ou à la maison, vous pouvez facilement organiser vos nouvelles connaissances sans avoir besoin d'un second bloc-notes !

5) VOUS AVEZ FINI TOUTES LES GRILLES ?

Allez à la section bonus **CHALLENGE FINAL** pour trouver un jeu gratuit à la fin de cette édition !

Simple et Rapide ! Découvrez notre collection de livres d'activités pour votre prochain moment de détente et **d'apprentissage**, à juste un clic de distance !

Trouvez votre prochain défi sur :

BestActivityBooks.com/MonProchainLivre

À vos marques, prêts... Partez !

Saviez-vous qu'il existe environ 7 000 langues différentes dans le monde ? Les mots sont précieux.

Nous aimons les langues et avons travaillé dur pour créer les livres de la plus haute qualité pour vous. Nos ingrédients ?

Une sélection des thématiques d'apprentissage adaptée, trois belles parts de divertissement, puis nous ajoutons une cuillère de mots difficiles et une pincée de mots rares. Nous les servons avec soin et un maximum de plaisir pour vous permettre de résoudre les meilleurs jeux de mots mêlés qui soient et d'apprendre en vous amusant !

Votre avis est essentiel. Vous pouvez participer activement au succès de ce livre en nous laissant un commentaire. Nous aimerions vraiment savoir ce que vous avez préféré dans cette édition !

Voici un lien rapide qui vous mènera à la page d'évaluation de vos commandes :

BestBooksActivity.com/Avis50

Merci pour votre aide et amusez-vous bien !

De la part de toute l'équipe

1 - Adjectifs #2

ג	ף	ע	ה	צ	א	ה	ם	א	י	ר	ב	ט	ח	ל	ד
א	ו	ת	נ	ט	י	ק	ז	ח	נ	ם	נ	ג	א	א	ב
ט	ן	ע	ט	ר	ת	ם	ס	ר	ו	פ	מ	נ	צ	ד	ט
ש	ש	ף	ד	ג	ר	ג	נ	א	ה	ת	ל	ל	מ	ת	נ
ס	ט	מ	ן	ט	י	ש	ג	י	ע	ב	ט	נ	פ	ה	כ
ל	פ	ש	נ	מ	צ	ת	ן	א	ל	פ	ב	ח	ל	י	ת
ת	י	א	ו	ר	י	ם	ד	ר	מ	ף	א	ס	ש	ב	י
ת	ר	ר	ח	ן	ש	א	ד	פ	ת	ף	ל	א	מ	י	נ
ב	ד	מ	מ	כ	א	נ	ם	ר	פ	מ	א	מ	ף	ט	ל
נ	ד	ת	ן	ל	ם	ש	ח	צ	מ	י	ה	ס	ל	ק	ע
ת	ר	ה	ל	ע	מ	ש	ם	ט	ח	ט	ן	ל	ד	ו	ף
ת	ל	ב	נ	א	ם	ן	ר	מ	כ	נ	י	ע	ג	ד	ח
ט	א	ס	ה	צ	ד	א	ל	ם	ת	ג	י	ג	ע	ו	ס
ד	ה	י	ש	נ	ו	נ	י	ף	פ	ל	נ	צ	ג	ר	ג
ח	א	ו	ה	ש	ט	ב	ש	ח	ר	א	ע	ה	ן	פ	ל
ם	ג	ב	ר	ס	ר	צ	ש	ג	מ	צ	מ	ח	ד	ש	מ

אותנטי	טבעי
מפורסם	חדש
יצירתי	פרודוקטיבי
תיאורי	טהור
מחונן	אחראי
דרמטי	בריא
אלגנטי	מלוח
גאה	פראי
חזק	יבש
מעניין	ישנוני

2 - Force et Gravité

ד	ס	ת	ת	ר	ף	ה	צ	א	ר	ע	ת	פ	ע	ת	ד
ד	נ	א	ח	ם	ם	ל	ף	נ	נ	ח	נ	נ	ב	ל	צ
ט	ב	ב	כ	צ	ח	ח	א	ס	ט	נ	ו	ט	ע	פ	ל
נ	כ	ס	י	ם	ן	ש	ס	ע	ר	ף	ע	ח	ג	ף	ח
ף	צ	ה	ס	ס	ב	ם	ן	כ	ם	ש	ה	ש	ת	ע	ץ
ד	ר	ב	ס	ט	ש	ס	א	ב	ע	ף	כ	ח	ט	מ	ד
ג	ל	מ	א	ב	ב	ם	ה	ן	ן	כ	ת	ע	ן	ע	ן
מ	י	כ	ו	כ	ב	י	ל	כ	ת	ו	י	ט	נ	ג	מ
ר	א	ל	ח	י	כ	ו	ך	מ	ה	ש	מ	כ	ר	ם	ז
ח	א	ע	ו	צ	ן	ל	ה	ש	כ	ב	ר	ג	ס	ה	ג
ק	ב	כ	ב	י	מ	ד	ק	ק	ה	ד	כ	ת	נ	ל	ס
ה	ב	ת	ת	נ	ס	א	י	ל	י	י	ז	צ	ם	צ	ש
ע	ר	ש	ב	ל	ל	א	ז	כ	ע	נ	פ	ר	ן	ט	א
פ	י	ח	ן	ת	ו	ר	י	ה	מ	מ	כ	ע	ס	ר	מ
ש	צ	מ	ב	ד	ל	צ	פ	ד	ע	י	נ	מ	ר	ר	א
ה	ן	נ	ב	ה	א	ו	נ	י	ב	ר	ס	ל	י	ש	נ

תנועה
מסלול
פיזיקה
כוכבי לכת
משקל
לחץ
נכסים
זמן
אוניברסלי
מהירות

ציר
מרכז
גילוי
מרחק
דינמי
הרחבה
חיכוך
השפעה
מגנטיות
מכניקה

3 - Adjectifs #1

ג	פ	צ	ז	א	צ	ת	ט	נ	מ	ו	ש	ל	ם	ן	ח
נ	ר	ז	ה	ד	ף	כ	ן	ף	כ	ם	א	ה	ף	ל	ש
מ	ס	ם	ה	ג	ב	י	ד	נ	ר	מ	פ	ה	מ	כ	ו
י	ב	י	ט	ק	ר	ט	א	כ	ל	ו	ת	נ	ש	נ	ב
נ	א	מ	ע	ש	ר	ב	ר	כ	ר	ח	נ	צ	ט	ל	ה
ר	מ	ת	ה	ס	פ	כ	ת	ג	ן	ל	י	ל	י	ע	פ
ד	נ	ה	ע	צ	ב	כ	ש	ד	ן	ט	ת	צ	ת	ש	א
ו	ו	ד	נ	ד	י	נ	י	ט	מ	ו	ר	א	ף	ק	צ
מ	ת	ן	ק	פ	ר	י	ע	צ	ד	פ	א	ף	ז	ע	א
ר	י	צ	ה	ל	ע	ח	ל	ס	ס	ח	ש	ו	ף	ה	ל
ה	ח	ה	נ	כ	ב	ף	נ	כ	צ	ן	ט	ג	ל	ף	ס
ם	ל	נ	מ	מ	נ	ל	א	ת	ס	י	ט	פ	ת	ט	ם
ת	א	ע	ת	ם	ח	ב	א	ם	ס	ל	ן	ר	מ	ר	ן
ע	ב	ט	ש	מ	ר	ף	מ	ס	ל	ן	ע	ב	ת	ג	א
ה	ף	ת	ל	ל	ם	ל	ט	נ	ב	ש	ט	ב	ט	ת	ח
ן	ת	ג	נ	ף	ש	ת	ע	ס	י	ט	י	א	ן	ע	ם

כנה
זהה
חשוב
תמים
צעיר
איטי
כבד
רזה
מודרני
מושלם

מוחלט
פעיל
שאפתנית
ארומטי
אמנותי
אטרקטיבי
יפה
אקזוטי
ענק
נדיב

4 - Instruments de Musique

ד ט ח צ ג ת א ל ב ף ט נ י ר ל ק
ש מ ע ל י ש ב ס ו ן ו פ ו ס ק ס
ם ה ן ו ט ת ו ף מ ר י ם ע ף ר נ
ת ד א ת ר ח ב פ ה ן ת ד ל י ל ח
ס ל א ל ה מ ן ו ב מ ו ר ט מ ף ם
נ ע ל ל ג ס ן ת נ ג ת י ח ו פ מ
א ב ד ד ן ם ג ס נ ת כ ש ת ח ס ן
ט ח ש ט ע נ ט ב א פ ס ס ה מ ת ף
ד ן א ב ר ד ח ב ט נ ב ן ר ח ע נ
ל ג נ ל ב נ ת מ ם ע ן ט ם ג ר ר
ח א כ מ ש ם ה נ י ל ו ד נ מ ד ר
ר ה ב מ י ר מ ן ג ר ם ו ד ת ת ב
ס ס א ם ן ת פ פ ע ד ג ר ו נ י כ
ה ת ש כ ת נ ה ה ר צ ו צ ח ר ת ע
ב ט ר ע ת ס ת ת ש ל פ ה ל ף ף ר
ע ג ת ח צ פ ף ו פ י ת ת ו ל ק מ

בנג'ו
בסון
קלרינט
חליל
גונג
גיטרה
מפוחית
נבל
אבוב
מנדולינה

מרימבה
פסנתר
מקלות תיפוף
סקסופון
תוף
תוף מרים
טרומבון
חצוצרה
כינור
צ'לו

5 - Échecs

ב	ף	ש	ן	ם	נ	ן	ן	ט	ע	פ	ח	ן	ר	ס	ת
ף	ל	ח	צ	ג	ם	נ	מ	מ	ר	ר	ת	ב	ף	צ	ר
ם	ף	ו	ל	א	ע	ה	ן	ן	נ	ח	ל	ל	מ	ו	ד
צ	ט	ר	כ	א	א	פ	צ	ב	ש	ן	ל	נ	נ	צ	ט
ע	ר	צ	ן	ן	ה	ר	ע	ט	ן	ש	ב	ם	ג	ד	ג
א	פ	ס	י	ב	י	ש	ל	ס	ג	ח	ה	נ	פ	צ	מ
ת	ט	מ	ה	ם	י	ל	ל	כ	ה	ק	ל	ב	ן	ט	א
ג	מ	ל	כ	ה	ר	צ	ן	ש	ד	ן	ב	פ	ר	פ	ס
ר	פ	ד	נ	כ	י	ם	ם	ן	ד	ו	ג	כ	י	ק	ר
י	נ	ל	ף	ר	ב	ב	ד	ן	מ	ס	נ	ת	נ	פ	ה
ם	כ	ג	פ	ד	נ	ח	ף	ף	ל	כ	ת	ח	ר	ו	ת
ג	ל	ה	ד	נ	ק	ח	ש	מ	ך	ל	ם	ל	ו	ר	ע
ט	ג	ל	כ	נ	ו	ס	ב	פ	כ	א	ג	ס	ט	ה	ם
פ	ת	ן	ס	ס	ד	כ	מ	נ	ב	פ	ן	ן	מ	ת	ע
צ	פ	ה	צ	ף	ו	צ	ט	ז	מ	ן	ה	ל	ם	ט	ש
ר	ף	ע	ג	ל	ת	א	ס	ט	ר	ט	ג	י	ה	ש	ח

יריב
ללמוד
לבן
אלוף
תחרות
אתגרים
אלכסון
משחק
שחקן
שחור

פסיבי
נקודות
מלכה
כללים
מלך
הקרבה
אסטרטגיה
זמן
טורניר

6 - Herboristerie

ת	ל	ב	ם	ז	ע	פ	ר	ן	ר	ו	י	מ	ט	מ	א
א	פ	ב	ן	ל	ס	ח	ר	ח	י	ת	ד	ב	מ	ו	א
פ	ף	ל	ן	ט	נ	ף	ן	י	ר	מ	ז	ו	ר	ע	א
ל	ב	נ	ד	ר	ב	ש	ת	ר	נ	ס	ע	ל	כ	י	נ
ר	ס	פ	ש	מ	נ	ט	ה	ר	י	ס	ת	ת	י	ל	ע
פ	ר	ח	ס	ו	ס	ר	ח	ט	ל	ד	נ	ח	ב	ן	ם
ד	ט	ט	ת	ם	מ	א	ר	ם	ו	ן	ג	כ	ס	ס	ע
א	ח	ף	י	ש	ג	ר	א	ל	ק	ת	פ	ג	ן	ג	צ
ס	י	מ	ס	מ	ה	ש	ת	ב	ח	ב	ה	א	ו	ת	ד
ר	ל	כ	ם	א	י	ם	ם	ט	ת	ס	ם	ר	ג	מ	פ
ט	ם	ח	ו	מ	מ	ן	צ	ע	ב	ש	ק	ו	ר	י	ם
נ	ב	נ	א	ת	ש	ב	ע	ם	ו	ש	ש	מ	ט	ר	צ
ב	א	ס	ל	ח	א	ח	פ	א	כ	ס	ה	ט	ת	ם	מ
פ	ט	ר	ו	ז	י	ל	י	ה	ע	ם	ף	י	ף	ן	צ
ה	צ	א	ג	א	צ	נ	ס	ט	ח	ש	כ	צ	נ	ש	ס
ש	פ	ן	ד	ט	ע	ע	ט	צ	ט	ש	נ	ד	מ	ע	ש

שום	לבנדר
ארומטי	מיורן
ריחן	מנטה
מועיל	פטרוזיליה
קולינרי	איכות
טרגון	רוזמרין
שומר	זעפרן
פרח	טעם
מרכיב	טימין
גן	ירוק

7 - Véhicules

ס	ת	מ	ן	ד	ף	ה	מ	מ	ר	ס	ן	ף	ל	ל	א
ל	ר	נ	ג	ן	ס	ת	ל	ל	ו	צ	א	ת	נ	נ	פ
צ	מ	ו	ל	ע	ה	צ	ט	ס	ח	מ	ו	כ	ש	כ	ת
ל	ע	ע	ו	ד	א	ס	ש	א	ב	צ	ו	מ	ת	ג	ה
ד	ח	ת	ג	פ	ע	ב	ף	ו	ע	ט	ר	מ	נ	צ	ה
ג	ע	ל	ם	כ	ג	כ	ל	ה	ש	ה	ק	ה	כ	מ	כ
ע	ש	ש	צ	מ	ע	נ	ת	כ	ה	ח	מ	ם	כ	ם	נ
ר	ט	מ	ט	ו	ס	ן	י	ת	ג	ש	ע	ו	נ	ט	ק
ע	מ	ג	ם	נ	ד	פ	ת	ם	א	ה	ד	ו	ס	פ	ר
ל	ש	ם	ב	י	ע	א	ח	י	א	ם	י	ג	י	מ	צ
פ	מ	ם	ג	ת	ש	ט	ת	י	ו	ם	ן	ם	ע	ד	ר
צ	ס	מ	כ	ו	נ	י	ת	נ	ט	ה	א	ס	י	ר	ה
ת	ר	ו	ב	ע	מ	ר	ב	פ	ו	ר	ו	ט	ק	ר	ט
ח	ע	ף	ה	ד	ם	ל	כ	ו	ב	כ	ט	נ	ו	נ	ק
ד	ר	ב	ע	א	ף	ס	ר	א	ו	ן	ם	ש	ס	פ	ר
ה	ם	ן	ח	ת	ט	ס	ח	ג	ס	ר	פ	מ	מ	ב	א

מנוע
הסעות
צמיגים
רפסודה
קטנוע
צוללת
מונית
טרקטור
אופניים
מכונית

אמבולנס
מטוס
סירה
אוטובוס
משאית
קרוואן
מעבורת
רקטה
מסוק
רכבת תחתית

8 - Camping

א	ב	ל	ם	א	ת	ד	מ	מ	ב	ם	ת	ל	צ	ע	ה
נ	פ	צ	ן	ע	ת	ח	צ	מ	ף	ג	ד	ף	י	ב	ד
ה	ג	י	נ	ר	ב	פ	א	מ	ט	ג	ב	ב	ו	ל	צ
ג	ם	ד	צ	ס	ן	פ	ם	ט	פ	כ	ת	ה	ד	ר	ט
ד	ג	צ	ע	ל	ם	ר	ת	ט	ש	ו	א	ג	כ	ח	ח
ט	ד	ח	ג	כ	כ	ח	ס	ב	ס	ב	ר	ה	מ	ג	ף
ט	נ	ג	ט	ת	א	י	ף	ע	פ	ע	ר	ש	ע	ש	ב
ן	ת	ס	י	ע	ב	ו	ש	ק	ג	ח	ב	ט	צ	ט	כ
ס	ר	ן	ע	ל	פ	ת	א	ג	ם	פ	ת	ג	ת	ט	ד
ם	ל	ה	ר	א	פ	נ	ם	ן	ל	ר	ל	ח	ף	ד	ד
ם	ס	צ	מ	מ	ו	ף	ה	ק	ת	פ	ר	ה	ל	ר	ן
ג	ס	ל	פ	ע	ת	ג	ט	ף	ל	צ	נ	ט	ב	צ	ס
כ	ל	ה	ב	ש	מ	פ	ל	ה	ו	א	י	ר	ח	ב	מ
ם	ח	ת	כ	ב	ס	פ	ם	א	ח	פ	ה	ל	ר	פ	ם
א	כ	ר	נ	ג	ר	ס	ר	ף	ת	נ	ג	ה	ק	נ	מ
ג	נ	ע	ד	א	ט	צ	ח	ת	ה	ד	ב	נ	פ	ס	ף

אש
יער
ערסל
חרק
אגם
פנס
ירח
הר
טבע
אוהל

חיות
הרפתקה
מצפן
תא
קאנו
מפה
כובע
ציד
חבל
ציוד

9 - Géométrie

ן	ס	ר	פ	ס	מ	מ	ס	ס	ל	ף	ג	ר	נ	צ	ג
כ	ר	פ	ר	מ	ת	נ	ם	פ	נ	ן	מ	ד	ף	ף	ד
ל	א	ב	ו	ש	י	ח	ד	נ	ן	ט	א	ת	ג	ע	מ
ד	ה	ן	פ	נ	ו	ט	ש	ב	צ	צ	פ	ח	ש	ע	ש
ס	ד	ף	ו	ע	ו	ש	ל	ו	ש	מ	ף	ט	ד	ג	נ
ס	ג	פ	ר	י	ז	מ	כ	ג	ט	ע	כ	פ	צ	ר	ע
ף	פ	ן	צ	נ	צ	ט	ם	מ	ו	ט	ר	מ	ם	ב	ר
ב	ע	צ	י	ם	ן	ח	ט	ק	ם	ב	כ	ש	ר	ט	ן
ב	ח	ע	ה	ע	מ	ע	ת	ב	ט	ר	ה	ו	ף	ט	נ
פ	ח	צ	ק	ט	ק	ט	ם	י	כ	נ	א	ו	נ	נ	ף
ת	ח	ג	י	ק	ד	ו	ה	ל	ף	ם	ל	א	ר	ן	ר
ר	ף	נ	ג	מ	ל	ע	מ	ת	ש	ח	ר	ה	ס	מ	ח
ש	מ	ר	ו	ף	ד	ם	פ	ה	י	ר	ט	מ	י	ס	ת
צ	ע	ף	ל	ת	י	א	ו	ר	י	ה	ו	ע	ה	מ	ר
ש	ג	מ	מ	ד	ל	ח	ל	ם	נ	ר	ק	ע	א	ש	ח
א	ל	נ	ן	א	ן	ם	ד	ם	ח	ר	ש	נ	ר	ף	ן

חציון
מספר
מקביל
פרופורציה
קטע
משטח
סימטריה
תיאוריה
משולש
אנכי

זווית
חישוב
מעגל
עקומה
קוטר
ממד
משוואה
גובה
לוגיקה
מסה

10 - Les Médias

ש	ב	ד	ה	ג	מ	ש	נ	ע	ם	י	נ	י	ז	ג	מ
צ	א	פ	ת	ק	י	ל	א	ו	ט	ק	ל	ט	נ	י	א
ח	מ	ת	ו	ג	פ	ס	א	כ	ן	ג	ב	ט	ש	כ	ל
י	ל	מ	ד	ד	ף	ח	פ	מ	ר	ב	ל	ט	ס	ח	נ
נ	י	כ	ב	ס	צ	ת	ק	ף	ע	ח	ה	פ	ח	פ	ה
ו	ל	ב	ו	ע	ן	ו	ד	ע	ה	ת	ב	פ	א	ל	ד
ך	ט	ע	ע	ס	ו	נ	ל	ע	י	ר	ח	ס	מ	א	ע
מ	י	מ	ו	ן	ס	ו	ר	ע	י	ו	א	ד	ס	צ	ה
מ	ג	נ	ר	א	א	מ	ד	צ	ש	ש	ם	ס	צ	מ	ש
ב	י	ס	כ	נ	ף	ת	י	ל	ע	ק	ג	ן	ל	ה	ר
ף	ד	ט	ב	ר	ח	צ	ו	ש	ת	ת	ת	ו	ד	מ	ע
ם	ג	ע	נ	נ	ל	י	ח	ס	ס	פ	ן	כ	כ	ט	ש
ח	ם	ף	ש	מ	ד	ב	ן	ת	כ	ג	ן	ן	ם	נ	ם
ם	ס	נ	ר	ש	ן	ו	ש	ן	ש	צ	כ	ע	ן	ד	ת
ה	ב	מ	ש	א	ף	ר	ן	פ	ם	י	נ	ו	ת	י	ע
מ	ח	ה	ר	ו	ד	ה	מ	ה	י	ז	י	ו	ו	ל	ט

עיתונים
מקומי
מגזינים
דיגיטלי
דעה
תמונות
ציבור
רדיו
רשת
טלוויזיה

עמדות
מסחרי
תקשורת
מקוון
מהדורה
חינוך
עובדות
מימון
תעשייה
אינטלקטואלי

11 - Philanthropie

ח	ר	ן	ח	ט	א	נ	ש	י	ם	י	ר	ג	ת	א	ב
א	נ	ש	י	ק	ש	ר	ע	ו	נ	נ	ד	י	ב	ו	ת
ג	ר	ם	ס	ט	ש	נ	ס	פ	ד	ט	ד	ן	פ	ש	ן
ב	כ	ע	ש	ע	ה	ט	ם	מ	ד	ם	י	כ	ג	כ	ש
א	נ	א	א	ב	ב	ף	פ	א	ר	ס	ל	פ	ע	ס	פ
פ	ר	ם	ה	ב	ה	מ	ש	מ	ר	צ	ד	ס	ד	ף	ם
ק	ו	מ	ס	ט	ש	ה	מ	י	ש	מ	י	כ	ב	ר	ג
ה	ב	נ	ד	ח	ט	א	ף	כ	ו	ח	ם	מ	ת	ה	ם
ק	י	ו	צ	ת	ד	נ	ק	ה	י	ל	ה	כ	ף	ע	ה
ד	צ	ס	צ	ע	ר	ו	צ	צ	ע	ש	ש	ס	ה	ף	ג
צ	צ	ד	ט	ו	ש	ש	ג	ב	ו	ל	ד	פ	ן	ן	ל
ן	ל	א	ן	ו	ת	ו	ר	ט	מ	ר	ב	י	ף	ם	כ
צ	ת	ד	ח	ב	ר	ת	ם	ת	א	ש	ך	ם	כ	מ	ם
ף	נ	ט	ם	ם	ל	י	ת	ו	כ	נ	י	ו	ת	ח	צ
ס	ד	נ	ה	ט	צ	ר	ה	נ	ח	ש	ס	ל	ב	ע	ד
צ	ן	מ	י	מ	ו	ן	ת	ש	ס	ל	ע	ד	ע	ד	ע

צורך
מטרות
צדקה
קהילה
אנשי קשר
אתגרים
ילדים
מימון
כספים
אנשים

נדיבות
קבוצות
היסטוריה
יושר
האנושות
נוער
משימה
תוכניות
ציבור

12 - Diplomatie

ב	ה	ד	ה	ו	מ	נ	י	ט	ר	י	ב	נ	ח	ח	ז
פ	י	ל	י	ר	פ	ח	ר	פ	א	ז	ר	ח	י	ם	ר
ת	צ	ט	ב	פ	ל	א	ה	ד	ג	ה	י	ט	ח	ף	ן
כ	ו	ע	ח	ש	ל	ן	ן	כ	ע	ת	ר	צ	ה	ם	מ
ע	ל	ץ	ע	ו	י	ו	א	פ	ר	נ	ג	ב	ד	ש	ת
ל	ו	ס	כ	ת	ן	פ	מ	צ	כ	ג	ש	ס	י	נ	ש
ס	ז	ה	ב	צ	ו	כ	ת	ט	ן	ש	ש	ע	ו	ג	ה
ה	ר	ש	ו	י	ר	צ	ב	צ	י	ו	ב	ר	ן	ב	ס
ק	א	מ	נ	ה	ת	ח	ה	ע	ש	ת	ק	ה	י	ל	ה
י	ם	ש	כ	ל	פ	נ	ר	פ	ן	מ	צ	ל	מ	כ	ק
ת	ש	ג	ר	י	ר	ו	ת	ב	פ	ן	ה	ש	ד	נ	י
א	ש	י	ת	ו	ף	פ	ע	ו	ל	ה	ג	מ	ן	ס	ט
ג	ן	ג	ב	ח	מ	ם	ב	ח	מ	צ	ס	מ	ד	נ	י
ם	ג	ג	ה	ב	ר	ד	ע	ר	ד	ש	ד	א	ס	ס	ל
ש	כ	ג	ר	ע	ג	ן	ה	ס	מ	ת	ש	ק	ל	ר	ו
צ	ד	ח	ג	ב	ם	ר	ה	ל	ת	ר	ב	מ	ד	מ	פ

זר
ממשלה
הומניטרי
יושרה
צדק
פוליטיקה
רזולוציה
ביטחון
פתרון
אמנה

שגרירות
שגריר
אזרחים
קהילה
התנגשות
יועץ
שיתוף פעולה
דיפלומטי
דיון
אתיקה

13 - Électricité

א	ן	ח	פ	מ	א	ב	כ	כ	ל	ר	ם	ס	ס	ת	ח
ג	ו	ד	ר	כ	ה	ם	ה	מ	ל	ש	פ	ד	ע	ש	ס
מ	ס	ב	א	ב	ש	ד	ח	א	ו	ת	ט	ל	פ	ו	ן
ס	ח	ש	י	ל	י	ל	ש	ג	ח	ת	פ	ת	ד	ם	ח
ן	א	פ	נ	י	ל	מ	ש	ח	מ	פ	ג	כ	ד	ב	י
מ	נ	ו	ר	ה	ק	ד	ח	צ	ר	מ	ב	פ	ב	ב	ו
פ	ע	ל	ף	ל	פ	ט	ף	ב	ת	צ	י	ו	ד	מ	ב
ט	ה	נ	ע	ל	פ	נ	י	כ	ח	ו	ט	י	ם	ת	י
ל	ב	ם	ב	ו	ש	ג	ה	ם	ט	כ	ט	ע	ר	ג	ס
ו	ג	ן	מ	ס	ק	מ	ל	י	י	ז	ר	א	כ	ס	ם
ו	ר	ף	ע	א	ע	ן	ן	פ	ר	ס	ע	ע	נ	ס	ד
י	ת	ם	ה	כ	ף	ח	ת	ה	נ	ף	ן	ם	ל	ם	מ
ז	ף	ט	ב	ה	ה	ח	כ	ע	כ	ף	מ	ר	א	ח	ם
י	ף	ע	ח	ש	מ	ל	א	י	א	ר	ת	ע	ט	ב	כ
ה	מ	ד	ף	ן	ל	ם	ב	ע	ש	ג	ל	ב	ג	ת	צ
א	ס	ח	ש	ס	כ	ט	נ	כ	ן	ט	ש	ף	ם	מ	ט

מגנט
סוללה
כבל
חשמלאי
חשמלי
ציוד
חוטים
מחולל
מנורה
לייזר

שלילי
אובייקטים
חיובי
שקע
כמות
רשת
אחסון
טלפון
טלוויזיה

14 - Astronomie

ל	ם	ט	ד	ל	ע	ש	ן	ט	ל	נ	ט	ג	ע	ק	ע
ב	ו	פ	ח	ד	י	א	ו	ר	ט	ס	א	ל	ם	ב	ת
ע	נ	ו	ל	ה	ק	ק	י	פ	ב	פ	ד	ק	ח	ו	ס
ס	ו	א	י	ל	ר	ת	ו	ן	נ	ל	ש	ס	ס	צ	ף
ד	ר	ה	ת	י	נ	ן	ו	י	ס	כ	ל	י	ן	ת	ח
ן	ט	ן	ה	ן	ן	פ	ש	ה	ח	ה	א	ה	ב	כ	מ
ד	ס	ק	ר	י	נ	ה	צ	ל	ח	מ	ן	ג	פ	ו	ע
פ	א	א	ס	ט	ר	ו	נ	א	ו	ט	ה	צ	ע	כ	ף
ת	כ	ל	ב	כ	ו	כ	ס	ץ	ל	ם	ת	ן	ר	ב	ב
ס	ח	ת	ה	ב	א	צ	פ	ר	י	ק	ו	ם	פ	י	ל
ה	מ	צ	פ	ה	ט	ל	פ	א	ה	ת	ג	ס	י	ם	ח
ם	ח	א	ם	ג	מ	כ	כ	ה	ה	ס	ה	ע	ל	ס	ם
צ	ח	ן	ד	ר	ס	ו	פ	ר	נ	ו	ב	ה	י	נ	כ
ב	ט	ן	ט	ק	ח	פ	ק	ו	ס	מ	ו	ס	ת	ע	כ
ח	ג	ש	ב	ט	ן	ף	ג	ד	מ	א	מ	א	ה	ה	ה
מ	נ	פ	ס	ה	ב	ג	נ	כ	כ	ג	י	ר	ח	צ	ס

אסטרואיד
אסטרונאוט
אסטרונום
רקיע
קבוצת כוכבים
קוסמוס
ליקוי חמה
שוויון
רקטה
גלקסיה

ירח
מטאור
ערפילית
המצפה
כוכב לכת
קרינה
לוויין
סופרנובה
כדור הארץ
יקום

15 - Physique

צ	ר	פ	מ	מ	צ	ם	ח	צ	ג	נ	ר	ן	ב	א	ש
ה	פ	ע	ר	ט	ג	ה	ש	ע	פ	ל	ט	ח	ה	ה	ב
ר	צ	נ	ף	ס	מ	נ	ף	ה	כ	י	נ	י	ע	ר	ג
מ	ש	ד	ש	מ	ם	ו	ט	א	ל	ב	פ	פ	ה	ח	א
א	ל	ק	ט	ר	ו	ן	ל	י	ע	ה	ס	ו	צ	ב	ו
מ	ח	מ	כ	ד	ט	ש	ן	ק	ו	מ	מ	מ	ת	ה	נ
ד	ה	ט	נ	א	פ	ר	מ	צ	ו	ת	ף	ה	ו	פ	י
ת	א	ו	צ	ה	ל	ת	נ	א	ד	ל	ן	י	ס	ד	ב
ו	ג	ם	ע	ן	ן	נ	ו	כ	ע	ל	ה	ר	ח	מ	ר
ר	פ	כ	כ	י	מ	י	ע	ר	ת	צ	ק	ו	י	ן	ס
י	ף	ר	פ	ת	א	צ	כ	ף	פ	מ	י	ת	א	צ	ל
ד	ן	פ	כ	ת	ג	ה	ס	מ	ם	ן	נ	ף	כ	ב	י
ת	ם	כ	א	כ	ז	ח	ל	ק	י	ק	כ	ג	ס	ם	ת
נ	פ	ס	ו	כ	ט	ס	מ	ר	מ	ע	מ	כ	ד	ל	א
מ	ע	ם	ס	כ	צ	ו	ם	ר	ל	פ	ג	ן	ר	ח	ב
פ	כ	צ	ם	ג	ן	נ	ם	מ	ף	ת	ן	ח	ח	ר	צ

מגנטיות
מסה
מכניקה
מולקולה
מנוע
גרעיני
חלקיק
יחסות
אוניברסלי
מהירות

תאוצה
אטום
כאוס
כימי
צפיפות
הרחבה
אלקטרון
נוסחה
תדירות
גז

16 - Types de Cheveux

ד	ף	ף	ף	ס	א	נ	כ	כ	ת	ל	ן	פ	ש	ד	ר
נ	ף	פ	ע	ע	ר	ש	ף	ש	א	ד	ף	מ	ב	ת	ס
ן	ב	ע	נ	צ	ל	ד	ח	ה	ה	ב	ס	נ	ם	צ	פ
ב	ל	ו	נ	ד	י	נ	י	ו	מ	ד	צ	נ	ל	נ	כ
ל	ד	ד	ף	מ	ף	ר	כ	ג	ר	כ	ע	ש	ר	ג	ת
מ	ם	ט	ט	ה	ט	ס	ש	ל	ת	צ	ח	ת	ש	נ	ף
ל	ת	ף	ט	ס	ר	ר	ד	נ	ש	ל	ת	ס	ע	ג	ה
צ	ם	ו	א	ר	ו	ך	ר	ד	ח	ו	ם	צ	ד	ל	ט
ע	צ	ר	ל	ה	ב	א	ר	ת	ד	א	י	ר	ב	י	ט
ק	ט	מ	ג	ת	ה	ל	ט	א	ב	ט	ל	ל	ד	ת	ג
ל	ש	ף	כ	ם	ל	ג	צ	ה	ל	ג	ת	ק	צ	ר	ר
ו	ח	ן	ן	מ	פ	ל	ש	ב	י	ך	ל	י	א	כ	ז
ע	כ	א	ב	ת	ל	ע	ר	ע	ע	ר	ת	ר	ה	ח	ה
ן	ס	פ	ק	י	ר	ח	ן	ס	ס	ו	ש	ב	פ	ה	מ
ב	ף	ד	ן	ה	א	ט	פ	פ	נ	פ	נ	מ	ל	פ	כ
ל	ר	ף	ר	ף	כ	ס	ף	א	ע	א	ף	י	מ	ג	ן

כסף
לבן
בלונדיני
תלתלים
מבריק
קירח
צבעוני
קצר
רך
עבה
מתולתל
אפור
ארוך
חום
רזה
שחור
גלי
בריא
יבש
קלוע

17 - Archéologie

נ	ל	פ	כ	ק	ן	ה	ע	פ	פ	ן	פ	ס	ת	ף	ח
א	ף	ג	א	ב	ה	ע	ס	ע	ר	ג	נ	ל	ע	נ	ל
צ	מ	ד	ן	ר	כ	ר	ש	ת	ו	ו	צ	א	נ	פ	ח
ח	ו	ק	ר	נ	ב	כ	ח	א	פ	ד	ם	י	נ	ש	מ
פ	ל	ל	פ	ר	י	ה	נ	מ	ס	י	י	צ	ף	ד	ס
מ	א	ח	ה	ן	ס	ת	ת	ת	ו	ר	ר	א	צ	א	צ
ע	א	ט	ר	ס	ס	א	ו	ה	ר	ש	ב	פ	ל	צ	ד
נ	ן	ו	ם	ח	ט	ע	מ	ח	ם	פ	ש	מ	ס	י	ת
ל	ל	ן	ב	ף	ב	פ	צ	מ	מ	פ	ס	פ	ף	ב	פ
ד	ל	א	ס	ן	ד	י	ע	ו	ס	ע	ג	ת	ם	י	ל
א	ע	ע	ד	כ	מ	מ	כ	מ	מ	א	ה	כ	ד	ל	ט
ע	ת	ת	ע	ל	ו	מ	ה	ר	ט	א	ס	מ	ח	י	א
ם	י	ט	ק	י	י	ב	ו	א	ת	כ	ג	ק	ם	ז	ת
כ	ק	ג	ת	ט	ב	ב	ן	כ	פ	ח	ח	ד	ה	צ	ה
צ	ו	פ	ד	ם	ד	ד	כ	פ	ר	ה	כ	ש	ע	י	ח
ה	ת	כ	נ	ב	ף	ט	ס	ר	ם	ס	ג	ה	ד	ה	כ

ניתוח
שנים
עתיקות
חוקר
ציביליזציה
צאצא
מומחה
עידן
צוות
הערכה

מאובן
שברים
לא ידוע
תעלומה
אובייקטים
עצמות
פרופסור
שריד
מקדש
קבר

18 - Mammifères

נ	ס	ע	א	ח	ל	כ	ס	ר	ב	כ	א	צ	ל	ע	פ
ת	צ	נ	ף	ר	ד	ע	פ	מ	פ	ג	ג	ע	ט	ת	ף
ר	ף	ר	ת	ל	ר	ה	ה	ח	ש	ת	ר	ר	ף	ר	ש
ט	ר	ד	ו	ל	פ	י	ן	ת	ג	נ	כ	נ	ב	צ	ו
נ	ם	ט	פ	נ	ש	צ	ת	ו	ט	ש	ן	ד	א	ל	ע
ס	ט	ס	ס	ט	ה	ס	ר	ל	ת	ת	ם	פ	ר	צ	ל
ז	מ	ב	פ	צ	נ	ב	ם	ר	ע	כ	ם	ח	י	מ	ה
א	ע	ע	ט	ש	ן	ת	י	ו	ו	ל	ה	ה	ה	ט	נ
ב	ש	א	ס	מ	ס	ש	ש	ש	א	ר	ן	צ	ע	כ	ע
ע	כ	פ	ל	ו	ז	א	ב	נ	ר	א	ג	י	ר	פ	ה
ר	פ	י	ה	ר	ס	ר	כ	ס	ת	ב	ג	צ	כ	ש	ת
ב	ל	ל	כ	ו	צ	כ	ג	ו	ר	י	ל	ה	ם	ח	נ
ו	ב	ט	ה	ג	ל	ש	ל	ש	ג	ר	ד	א	ד	ע	פ
ת	פ	ד	ח	נ	ל	נ	ע	ב	ק	ו	ף	ז	ב	ר	ה
ח	ה	ו	ן	ק	נ	כ	א	ן	ף	ח	ן	א	ף	ד	פ
מ	ט	ב	ד	ג	ל	ף	ה	ט	פ	כ	ש	א	ט	ט	כ

ארנב
אריה
זאב
כבשים
דוב
שועל
קוף
שור
נמר
זברה

לוויתן
חתול
סוס
כלב
זאב ערבות
דולפין
פיל
ג'ירפה
גורילה
קנגורו

19 - Chocolat

ה	ק	מ	ד	ה	ת	ם	מ	ה	ס	כ	ה	פ	א	ת	ש
ק	ל	ג	ן	ף	ס	ם	ר	ש	מ	ל	צ	ף	ח	ג	ס
ק	ו	ח	פ	א	ט	ן	י	ת	ת	ם	א	ת	מ	ד	ה
א	ר	א	ר	ג	ף	ן	ר	ו	ף	כ	ב	ל	ן	ד	ג
ו	י	א	ק	ז	ו	ט	י	ק	ח	ע	ס	ו	ק	ו	ק
מ	ו	ם	ח	כ	מ	ע	נ	ק	ף	ט	ב	י	כ	ר	מ
ן	ת	ל	ת	ם	כ	ם	ם	ו	ב	פ	ו	ן	ן	כ	נ
ל	ה	מ	נ	ם	פ	י	ג	ת	ט	א	ה	ח	כ	ו	ה
ח	ב	ר	ל	ל	פ	נ	ף	ן	ע	פ	א	ר	ג	ס	ט
ה	ט	ק	מ	ד	ש	ט	ס	צ	י	ן	ל	ד	כ	ב	ם
ט	ף	ת	ן	צ	ש	ו	מ	צ	ם	א	ח	ה	ק	ב	א
ט	ו	ו	ף	ן	פ	ב	ת	ג	צ	מ	ל	ס	ן	ל	ח
ק	ש	ב	ן	ע	ל	א	ם	כ	צ	פ	א	ע	פ	ף	ד
ת	ע	י	ף	כ	צ	ר	ת	ו	נ	ת	ל	ט	ד	ר	ם
מ	ל	א	ת	ט	א	צ	ן	פ	ד	ס	צ	ח	ה	נ	ר
מ	ם	ד	ס	ר	ט	כ	ה	נ	ף	ע	כ	ג	ג	נ	צ

אקזוטי
אהוב
טעם
מרכיב
קוקוס
אבקה
איכות
מתכון
סוכר

מריר
נוגד חמצון
ממתק
בוטנים
קקאו
קלוריות
קרמל
טעים
מתוק
השתוקקות

20 - Mathématiques

ל כ ם ד ט ג פ ז ע ג ט ב ת מ ם ג
ר ב ש ע ע צ ר ו ש ף ג ן צ מ מ א
כ ם ו כ ס ל ס ו ר פ ט ו ה ח א ו
י ם ס ס ע ן ב י ו ד ל ב פ צ ף מ
כ ל ח ן ב ל מ ו נ ע י ש ת נ ר ט
ת י ל י ב ק מ ת י א ב ח כ ע ד ר
מ ט פ מ ש א מ ו ר ן ק ה ה פ ט י
ש ת כ ף ר ב ה ל ן ל מ ש ו ו א ה
ו ר א ס ש פ ג ע ה ר מ ת ק ה ש י
ל ת כ ר ם ע ש מ ן ע ס ש ג ג ע ר
ש ב ב פ ל נ נ ם ר צ ש ד ל צ צ ט
ב צ ל ד ש ר ה י ק ף א ף פ צ פ מ
ד ר מ ע צ צ ך ר ב ט מ כ ת צ א י
פ ד ר ר ע נ נ פ ח ת ח ן ה ן ג ס
כ פ ג ה ן ח ס ס פ פ ב ן ר ח ש ם
ס ד ף ב ס ב ם מ ח כ כ ט צ ל ת מ

מספרים
מקביל
מקבילית
היקף
מצולע
מלבן
סכום
סימטריה
משולש
נפח

זוויות
חשבון
כיכר
מעלות
עשרוני
קוטר
מעריך
משוואה
שבר
גאומטריה

21 - Sport

ף	ם	ת	ס	ח	כ	ם	ע	כ	כ	כ	ח	ש	ל	ל	ד
ס	מ	א	מ	ן	נ	ס	ס	ה	כ	ח	ה	ר	ט	מ	ב
ד	ס	ל	ם	כ	ה	ט	א	י	ד	א	כ	י	ר	ח	ג
ל	ש	ח	ו	ת	כ	ן	ב	ם	כ	ם	ל	ר	ו	ל	ת
ל	ב	ו	כ	ל	י	ד	ם	ת	ת	ו	ת	י	פ	מ	ף
ר	ד	מ	א	ם	ח	ן	ת	ן	ר	ב	ל	ם	ס	ק	ן
ח	ר	ן	ח	ף	כ	ט	ו	כ	ת	ח	פ	ת	ס	ס	מ
ל	ה	ת	כ	ו	ח	ס	א	ת	נ	ר	י	צ	ה	ם	ת
ם	ן	נ	ג	ח	ש	ף	י	ח	ם	י	פ	ס	נ	ם	ן
נ	ה	ט	ע	ש	ב	פ	ר	ל	ח	ר	ת	ף	ו	כ	ף
מ	ט	ב	ו	ל	י	א	ב	ר	ע	פ	כ	ט	ז	ד	ש
ם	מ	כ	ר	ג	ם	ל	ח	ג	ט	ט	ג	ף	ת	נ	ש
ט	ר	ג	ש	י	א	ט	ר	ו	פ	ס	ב	ת	פ	ע	ר
ע	צ	מ	ו	ת	ק	ג	ו	ף	נ	ס	י	ב	ו	ל	ת
ט	ח	ל	ח	ד	ם	ו	כ	ע	ל	ת	ש	מ	נ	ט	ס
ט	ה	צ	ס	ש	ם	ד	ד	ן	ס	ד	ן	ם	ס	צ	ה

ספורטאי
יכולת
לב וכלי דם
גוף
ריקוד
דיאטה
סיבולת
מאמן
כוח
ריצה

למקסם
מטבולי
שרירים
לשחות
תזונה
מטרה
עצמות
תכנית
בריאות
ספורט

22 - Mythologie

ב ט ג ק נ ש ח צ ח ר ת ת ג פ מ ה
ר ן ס ד ק ן ס ת ת ב ט י ג צ פ כ
ק ו ו ש מ נ א ר ט ף ב ש ה ד ג א
ם ס פ פ ה ב ן ת מ ו ת ה ת ס ס ם
ח א י ף נ י צ י ר ה ו ת צ ל פ מ
ו צ ט ש ל צ ח ר ח א נ ח מ ע ח פ
ל ף ב ר מ ה ם ח מ נ ו ב ע ף ג ג
מ נ א ן ר ד פ ר ס ק מ א ס ע ד ת
ב ן ר נ ף ח ט ם ל ף א מ ל נ ב ע
ו ל ע ג ט ד ש ר ב ר ו צ י כ ף צ
ך ף ם ן ד ב נ ש ן ב ת א ו ש ע ע
ה ב ש ת ט ש כ ת ם ע א ח כ ד ף ף
ר מ ב ת ט ן כ מ צ ף ף צ ף צ ף ח
צ כ ש ב ש ם ל ל צ ף ף _ צ ף ם פ
ה ת נ ה ג ו ת ו ב ר ת .. ג פ ש ג
ל ף ן ב ח ן פ ט ת ף ן נ ש ל ג ב

גיבור
נֶצַח
קנאה
מבוך
אגדה
קסום
מפלצת
בן תמותה
רעם
נקמה

אבטיפוס
אסון
התנהגות
יצירה
יצור
אמונות
תרבות
ברק
כוח
לוחם

23 - Restaurant #2

א ר ו ח ת ע ר ב ש ק ע ג ב ג פ א
ש נ ש ת כ ם ף י צ ר ו ד ג צ ר ס
נ ם ד ן ל ה ס צ ד ח ג ג מ ו פ י
ח ל מ ב ף ח מ י ה ן ה ל ח ע ת כ
פ ל ש א ט ע י ם ט ח צ ת ח ר ן ר
נ ד ס ת ו י ר ט א ר צ ו נ ר ה ח
נ ט ע מ ר ן ד פ ם ה ן ק ת כ כ ח
ס א ה ט ח ף צ ן ר ר פ ר ת ל ה צ
ן ח מ כ ם ב ע י צ ש ר י ה מ ן ן
ם ה צ ד נ מ י ג נ מ ס צ ן נ ס צ
כ ן ה מ ם ם ף ד ט מ נ צ ג ן ם צ
כ ח ד ד פ י ה ע פ ר ף ם ט ח ה ג
ב ן ף ל ה מ ה ן צ ק ת ף א ט ל ס
צ צ א ד ב ט א א ח ע ג ר פ ז א צ
ת ו ר י פ ד ר ט ת ן ת ם מ ה ח ה
ה ף כ ר ר פ ם י נ י ל ב ת א ס צ

עוגה
קרח
ירקות
אטריות
ביצים
דג
סלט
מלח
מלצר
מרק

מתאבן
כיסא
כף
ארוחת צהריים
טעים
ארוחת ערב
מים
תבלינים
מזלג
פירות

24 - Beauté

ח	ף	נ	א	ע	ח	מ	ב	ס	ס	ע	ה	ח	ף	ן	ן
צ	צ	ט	ע	א	מ	ס	ק	ר	ה	ב	ס	ט	ש	מ	ד
ל	ף	ם	ס	ל	פ	פ	ט	ם	ת	ב	ף	נ	צ	ב	ם
כ	א	ר	ל	ג	פ	ר	ס	ה	ע	ב	א	ל	ט	ד	ג
ע	ת	ם	ט	נ	ל	י	ב	ח	ן	ח	ו	ח	י	נ	פ
א	נ	ס	ן	ט	ף	י	כ	א	ק	ן	פ	ב	ם	ף	ח
ט	ע	נ	ט	י	ב	ם	ל	ו	ל	ר	מ	ף	ת	ג	א
ת	ד	ב	ר	ו	פ	ג	ס	ח	ח	ן	ש	ח	כ	ח	ת
נ	ס	ס	ג	ת	נ	מ	ף	ן	ת	ו	ת	א	כ	ת	ה
ש	מ	ן	פ	ט	ט	ש	י	ר	ו	ת	י	ם	ף	ע	נ
מ	ו	ר	י	י	ב	א	ג	ע	ה	פ	ק	ף	מ	ש	ח
ע	צ	ג	ק	ט	צ	ר	ו	ע	ו	ש	ס	ש	כ	ל	ג
ה	ר	ה	כ	ב	ע	ב	צ	ר	ח	צ	ם	ף	צ	ג	ע
א	י	ב	ש	ד	מ	ם	י	ל	ת	ל	ת	ד	ב	כ	מ
ד	ם	ט	ם	ם	י	נ	מ	ש	ת	ל	פ	ת	ר	ר	ן
ה	א	ר	מ	י	נ	ג	ו	ט	ו	פ	א	נ	ה	ת	ם

מסקרה
מראה
ניחוח
עור
פוטוגני
מוצרים
שפתון
שירותים
שמפו
מעצב

תלתלים
קסם
מספריים
קוסמטיקה
צבע
אלגנטיות
אלגנטי
שמנים
חלק
איפור

25 - Avions

ס	ל	ף	פ	י	ה	ן	ל	ט	ף	צ	ם	ת	ס	מ	ב
ן	ש	ם	ר	ל	ר	א	נ	ר	ח	ש	כ	צ	ם	נ	ד
נ	א	י	פ	ר	פ	נ	פ	ע	י	ק	ר	ת	י	ח	ר
ג	ד	צ	ו	ו	ת	ל	ח	ט	כ	ל	נ	י	פ	ח	ף
ה	ן	מ	י	מ	ק	נ	ו	ס	ע	ד	ה	כ	ח	ס	צ
ר	י	ו	ו	א	ה	ח	י	ה	ו	ת	ב	ע	ד	ס	ף
צ	ת	ח	ם	ה	א	י	נ	י	נ	ד	ס	מ	מ	ת	א
ר	ג	מ	ל	ן	ט	ת	ש	ס	מ	ן	א	ן	ן	ח	ע
כ	ר	ה	ר	ע	ס	ה	כ	ט	ם	א	ן	ו	ו	י	כ
פ	ס	ל	ל	ע	ן	א	ה	ו	ם	ו	ם	ן	ל	ח	ש
ר	ג	מ	ע	ל	ת	מ	נ	ר	ח	ו	צ	ד	ב	מ	ד
ט	צ	ן	ת	ה	כ	צ	ל	י	ף	י	ה	ב	ו	ג	צ
ט	ף	ש	ם	ם	ח	ג	ח	ה	ב	ר	ש	א	א	ף	ף
ח	נ	ש	כ	ש	ר	ר	כ	ד	א	ה	ר	ל	מ	פ	כ
ח	ח	ש	ט	א	נ	ח	צ	ת	ס	ד	א	ם	ג	ם	ם
ג	ע	ס	ל	ש	כ	נ	ר	ה	פ	מ	א	ג	ר	ף	מ

צוות
לנפח
גובה
מדחפים
היסטוריה
מימן
מנוע
נוסע
טייס
סערה

אוויר
אווירה
נחיתה
הרפתקה
בלון
דלק
רקיע
בנייה
ירידה
כיוון

26 - Aventure

ם	ש	מ	ח	ה	נ	ל	ע	י	ו	פ	י	ל	ע	ב	ט
א	ת	ס	ג	ז	ב	צ	ם	ע	פ	ו	י	ו	כ	י	ס
ם	א	י	ע	ד	ה	נ	כ	ה	צ	א	ט	ל	נ	צ	ט
ש	כ	ח	ן	מ	ע	א	צ	א	ר	ה	ס	ס	א	ב	ש
ץ	מ	ו	א	נ	ן	ת	ד	ת	כ	כ	ן	מ	ם	ט	ם
ס	נ	ט	י	ו	ל	ו	צ	ח	ס	ד	ת	מ	ם	צ	ד
ת	ט	מ	נ	ת	פ	ל	ם	נ	ר	ח	ל	פ	ת	ה	ק
מ	ס	ו	כ	ן	ב	י	ג	ד	ל	פ	ן	ד	ה	ם	ו
צ	ף	מ	פ	ת	י	ע	צ	נ	ם	ט	ע	פ	ב	נ	ש
ס	צ	מ	ם	ם	ר	פ	פ	ח	ם	ה	ע	ן	א	מ	י
ט	ו	ו	י	נ	כ	צ	ט	ח	ב	ט	פ	ח	ם	ט	כ
ג	צ	ר	ר	פ	ם	ס	פ	ף	ט	נ	ד	ל	ף	ף	נ
ע	ב	ע	ג	מ	ל	ר	פ	ל	י	ש	ג	ף	ם	ד	ה
ח	ן	כ	ת	ב	ג	ל	ע	ח	ח	ס	ן	ה	נ	א	ר
כ	ע	ף	א	מ	ל	ש	פ	מ	ו	ח	ת	ש	ן	ת	ף
ן	ר	צ	ל	ח	ן	ט	ט	ס	ת	ב	ע	ה	א	ן	ב

יוצא דופן
מסלול
שמחה
טבע
ניווט
חדש
הזדמנות
הכנה
בטיחות
מפתיע

פעילות
חברים
יופי
אומץ
סיכוי
מסוכן
יעד
אתגרים
קושי
טיול

27 - Ville

ת	פ	ף	ה	ד	ט	ד	ת	ם	כ	ס	פ	ר	י	ה	ר
ק	ו	ש	ס	כ	ד	ס	פ	י	כ	ה	ה	ד	ע	ס	מ
נ	ו	ש	ם	ד	א	צ	כ	ח	א	ה	ל	ר	ף	ו	א
ב	ש	ל	צ	ע	ל	מ	ח	ר	ש	ט	ת	ן	ב	פ	פ
ר	ף	ע	נ	ן	מ	ר	נ	פ	ל	י	ר	ת	ד	ר	י
מ	ף	ע	מ	ו	ד	ש	ו	ט	כ	ס	פ	ו	מ	מ	י
ס	ד	צ	ח	ב	ע	ש	ת	א	ף	ר	ס	ב	ן	ר	ה
מ	ו	ז	י	א	ו	ן	ס	כ	ה	ב	ת	ת	ו	ק	ג
ב	ג	ל	ר	י	ה	ו	פ	ג	מ	י	י	ט	ל	ט	ב
ח	י	כ	ר	ס	א	י	ר	ת	ר	נ	ב	ר	מ	ח	ב
ס	ה	ת	ס	ה	ג	ד	י	ה	פ	ו	ע	ת	ה	ד	ש
ב	ג	ו	מ	ן	ר	ט	ם	ג	א	א	מ	ל	ן	ע	כ
ג	נ	י	א	ר	ח	צ	ט	ה	ה	ב	ח	נ	נ	ב	ע
א	ח	ח	ן	ם	ק	א	מ	ת	ם	פ	ת	ד	ד	ש	ף
ע	א	ן	ב	פ	ש	ח	ט	ב	א	צ	ש	מ	ן	ם	צ
ד	ף	ג	ט	ש	ל	ר	ת	א	צ	ל	ח	ש	פ	ף	פ

שדה תעופה
בנק
ספריה
מאפייה
קולנוע
מרפאה
בית ספר
פרחים
גלריה
מלון

חנות ספרים
שוק
מוזיאון
בית מרקחת
מסעדה
אצטדיון
סופרמרקט
תיאטרון
אוניברסיטה
גן חיות

28 - Ingénierie

ל	ט	מ	א	א	מ	ל	ע	ה	צ	ף	צ	ח	ת	ש	ע
צ	ב	ו	ש	י	ח	ו	כ	ב	ה	ט	צ	ש	ר	ל	ס
ט	ע	ו	נ	מ	ד	ם	ר	ט	ט	פ	ע	א	ש	א	ת
ס	ף	ש	ב	ה	צ	פ	ה	י	י	נ	ב	מ	י	ש	מ
ט	פ	צ	צ	י	ר	ק	מ	ש	ש	ח	ל	ש	ם	פ	פ
ד	י	ז	ל	ג	ס	מ	ב	ם	ם	ט	פ	ב	א	ב	ן
ס	ג	נ	ר	ר	ן	ו	ד	כ	ה	א	ן	ע	נ	נ	ט
ד	פ	ד	נ	נ	ח	ע	ת	י	ב	ע	נ	מ	ט	פ	ת
ט	ן	ה	צ	א	ע	ל	ג	ס	ד	ר	א	ן	א	כ	ל
י	צ	י	ב	ו	ת	נ	ו	ז	ל	ה	נ	ב	מ	מ	ת
ה	ד	ט	ט	ל	ת	י	ח	מ	ט	נ	נ	ג	פ	ם	ש
ל	כ	ר	ש	ן	ח	ע	ו	ב	פ	ו	ל	ף	ב	ת	ש
צ	צ	ת	ע	ם	ס	צ	ק	ו	ח	כ	ף	נ	פ	ש	ע
מ	פ	ט	ט	ג	ת	ן	ו	ר	ז	מ	נ	ע	ב	ר	ש
ל	כ	ד	ח	ט	ת	ף	ט	ה	נ	ע	ה	ע	ה	ף	ע
ה	י	ל	ו	כ	י	ם	ר	נ	ר	צ	ט	א	כ	ל	ד

זווית
ציר
חישוב
בנייה
תרשים
קוטר
דיזל
הפצה
הילוכים
אנרגיה

כוח
נוזל
מכונה
מדידה
מנוע
עומק
הנעה
סיבוב
יציבות
מבנה

29 - Énergie

א	ת	ב	א	ה	ס	ג	ר	נ	ב	ן	ף	מ	נ	ו	ע
נ	צ	ע	ט	ל	ג	ף	ם	ד	נ	א	כ	ר	ג	ן	ן
ט	ר	ט	ש	ג	ק	ל	ד	כ	ז	ס	ן	ע	ה	ע	ט
ר	ו	מ	פ	י	ן	ט	ה	נ	י	ב	ר	ו	ט	ב	ם
ו	ח	ת	י	נ	י	ע	ר	ג	ן	י	פ	ח	מ	ן	ד
פ	ף	א	מ	ח	ד	ה	פ	ו	ה	ב	ד	ר	ט	ר	י
י	ם	כ	ש	ט	ט	ל	ן	ה	ן	ה	כ	ה	ה	ש	ז
ה	ב	ת	נ	ב	מ	ל	ף	ט	מ	ו	צ	פ	ר	נ	ל
כ	ד	ח	ף	ג	ן	ו	ן	ן	י	ש	ט	ם	ג	מ	ף
ם	ר	ו	ה	ס	כ	ס	ף	ה	מ	מ	נ	ו	ר	א	נ
ן	ר	ם	ד	ע	ה	ש	ט	א	ט	ש	כ	ה	פ	ן	פ
א	ף	פ	ח	ש	מ	ל	י	צ	כ	פ	ח	י	ט	ל	מ
ח	מ	ט	צ	פ	ן	פ	ר	ש	ם	ס	ף	ז	ן	מ	א
מ	ג	ל	ב	ס	א	א	ב	ג	ף	ס	א	ת	ס	נ	ן
ם	ת	ד	ן	ר	נ	ד	ש	ע	א	ה	ב	ע	ל	א	נ
צ	ה	ג	ן	כ	מ	ת	ח	ד	ש	צ	מ	ט	מ	נ	א

סוללה
פחמן
דלק
חום
דיזל
אנטרופיה
סביבה
בנזין
חשמלי
אלקטרון

מימן
תעשייה
מנוע
גרעיני
פוטון
זיהום
מתחדש
שמש
טורבינה
רוח

30 - Cuisine

נ	ע	ט	ן	ן	ם	כ	מ	ל	מ	כ	ט	ט	צ	ר	כ
ב	כ	ס	ש	ף	ן	ב	ק	ת	ב	ל	י	נ	י	ם	מ
פ	ד	ת	ו	ס	ו	כ	פ	מ	ם	ד	צ	ן	ד	י	צ
מ	ק	ל	ו	ת	א	כ	י	ל	ה	נ	כ	פ	כ	נ	ק
ה	ס	ש	ע	ע	ג	ף	א	י	ת	ש	מ	ב	פ	י	ת
צ	ת	פ	ת	ה	א	ד	ה	ר	א	ר	ז	ס	י	כ	ס
ע	ח	נ	ע	ת	מ	ח	ב	ג	כ	ם	ו	א	ס	ו	ס
מ	ל	ת	ס	נ	ת	ן	צ	כ	ת	ט	ן	מ	ת	ת	ב
ח	צ	פ	מ	ו	ר	צ	נ	ד	פ	ג	ל	ז	ש	ש	פ
ר	א	ל	ת	ר	צ	ם	ו	ק	מ	ו	ק	ל	נ	ת	ע
ש	ר	ח	כ	ר	נ	ס	ט	ג	ו	פ	ס	ג	מ	ל	ט
צ	מ	ג	ו	ק	צ	ב	ע	א	ח	ן	פ	ו	ת	ף	ח
א	פ	ב	ן	מ	ש	פ	מ	ן	ק	ד	ם	ת	ע	ג	א
ט	צ	ר	ת	ח	ח	פ	ם	ע	צ	ם	ט	ט	ע	ר	ט
ן	ב	ם	ב	ס	י	נ	ר	ל	ל	ג	ב	ת	ם	ה	ס
מ	נ	ם	ש	ת	ה	ה	מ	ן	ב	ם	פ	ר	ס	ן	מ

מזלגות
גריל
מצקת
מזון
צנצנת
מתכון
מקרר
מפית
סינר
כוסות

מקלות אכילה
קערה
קומקום
מקפיא
סכינים
כד
כפיות
תבלינים
ספוג
תנור

31 - Corps Humain

ש	א	ל	כ	ל	ל	ת	פ	צ	ה	ל	ת	ל	נ	ג	א
ב	ר	נ	ש	ת	ל	ם	ה	ס	ל	ד	ר	כ	ה	צ	ב
פ	ב	ט	מ	ב	ג	צ	ב	ט	ס	ר	ג	פ	ב	ג	ת
ס	ב	ר	ך	ה	ל	צ	נ	ת	ש	צ	ף	ע	א	צ	ה
א	ת	א	ן	ע	ט	א	צ	ף	נ	ם	ש	צ	ב	ע	ה
נ	ל	ש	ג	ם	ח	פ	א	ל	ס	ש	ע	ח	ד	ם	ד
ס	ס	ר	ף	ף	ת	נ	מ	פ	פ	ר	כ	ה	ב	י	ק
ל	צ	ח	נ	ה	פ	י	ב	מ	ף	כ	ד	ר	א	י	פ
א	ו	ז	ן	ר	ט	ם	ה	נ	נ	מ	ת	ל	כ	ת	ר
ל	ו	ח	נ	ט	ף	ב	ת	ג	ם	ש	מ	ו	ח	פ	מ
פ	א	ג	ט	א	כ	ח	ר	נ	ש	ט	ד	ס	ט	ש	ן
ה	ר	ד	ם	ב	פ	צ	ד	מ	ס	פ	ן	ר	ט	נ	ס
כ	ג	ה	ם	ב	ל	ה	ף	ש	ר	פ	ט	ק	ג	ד	ש
ר	ו	ע	ד	ג	ב	ח	ס	ב	ש	ם	ד	צ	ף	ת	ב
צ	כ	פ	מ	ת	ה	ם	מ	ב	א	ם	ג	א	ג	ף	ג
נ	צ	ם	פ	ת	ס	ל	ב	א	ס	ע	פ	כ	פ	ף	מ

שפתיים
יד
לסת
סנטר
אף
אוזן
עור
דם
ראש
פנים

פה
מוח
קרסול
צוואר
מרפק
לב
אצבע
קיבה
כתף
ברך

32 - Biologie

ת	ה	ד	ר	פ	ל	ד	א	ת	ת	ע	ב	ף	ב	כ	ם
ן	ו	ח	ל	ח	ן	ד	נ	א	ן	ם	ד	ח	ר	א	ת
ח	ר	ד	ת	נ	מ	ס	ט	מ	ב	נ	ר	ו	ו	ח	מ
ל	מ	א	ף	ח	ס	ל	ו	מ	כ	א	מ	ס	ב	ף	ד
ב	ו	כ	ן	ע	ח	ר	מ	ן	ד	ו	מ	ל	ח	ו	ז
ו	ן	ח	י		ד	ק	י	ם	ז	ו	מ	ר	צ	ע	נ
ן	ע	פ	ב	ג	כ	ק	ה	ו	ז	ט	מ	נ	ט	כ	צ
ו	ט	ט	ף	מ	ס	ו	ם	ה	כ	ד	ע	ף	צ	ם	ף
ר	ע	ט	מ	י	ן	ל	ל	פ	ן	ל	ת	נ	ב	ח	ע
י	ף	ה	נ	ח	כ	ג	כ	ח	ת	ל	ב	ע	ב	ם	ב
ו	ם	פ	א	ט	מ	ן	ק	א	ב	ו	ל	ו	צ	י	ה
נ	ס	א	ע	ם	י	ז	נ	א	צ	ה	ר	ב	ש	ע	ד
ה	ה	י	צ	ט	ו	מ	ו	ר	ע	ח	ף	ר	ג	ב	ת
ל	ד	ש	ה	ע	ט	ב	י	ן	א	ת	ר	ב	ב	ט	ש
ב	ג	ד	ף	ד	נ	ת	צ	ה	ז	ו	י	ב	מ	י	ס
ס	ל	ד	ג	נ	ר	ה	ז	ת	נ	י	ס	ו	ט	ו	פ

אנטומיה
חיידקים
תא
כרומוזום
קולגן
עובר
אנזים
אבולוציה
הורמון
יונק

מוטציה
טבעי
עצב
נוירון
אוסמוזה
פוטוסינתזה
חלבון
זוחל
סימביוזה
סינפסה

33 - Épices

ב ש ב ל ה ס ב ת ב נ ם ה ה ב מ כ
ן ס ד כ ס ד ף ל א כ צ ק ף ן ח ה
ת כ נ א פ ט ש פ ש ס ט י ר פ ל נ
א מ ב מ ג ם ס ס ז ע פ ר ן ו מ כ
ם ה א ע ן מ כ ר נ ה ה פ ו ה ב ד
ף ל ף נ ה ף ב צ ב פ פ פ מ ג פ ס
כ י ה א כ צ ד כ ב ג ת מ נ ם ל ק
ף נ כ פ ת ן ש ו ש ט ג מ י ט א מ
ה ו ה ל ד ד ד ס ה ף מ נ ק ר ר צ
ב ש ה צ ב ת י ב א פ ג ם י י ל פ
ב ל ח ג י נ ג ר ת ח ש ת ט ר ד ל
נ ב ב נ א ת ב ה ל ס צ ס ל מ ב פ
מ ו ס ק ט ח ע פ ג ן ף ד ח צ ע ל
פ ס א ע פ ס ה ב ט צ ה ן א נ ש צ
ש ו ם ף א ח ח א ש ט מ ג ת א צ ב
ר מ ו ש ס ס ע ץ ו מ ח ר ה ח פ ד

ג'ינג'ר
מוסקט
בצל
פפריקה
פלפל
שוש
זעפרן
טעם
מלח
וניל

חמוץ
שום
מריר
אניס
קינמון
הל
כוסברה
כמון
קארי
שומר

34 - Agronomie

ע	ד	מ	ן	ב	א	ד	מ	ם	ב	ר	ק	י	י	מ	א
ת	כ	ד	נ	נ	ד	ש	ם	ה	ג	ר	נ	ל	כ	ס	ק
א	ב	א	ר	ד	ש	פ	ל	ס	ח	כ	ח	ת	ג	ש	ו
א	ט	ג	פ	ח	ן	ף	נ	ש	פ	ג	ר	ב	ז	מ	ל
ד	י	ת	נ	צ	ו	ף	ג	ג	ף	כ	א	י	נ	ח	ו
ה	ר	פ	ס	ם	ז	ה	מ	ד	א	ע	ה	ה	ת	ל	ג
ח	פ	ש	ה	פ	מ	ר	ס	ג	ם	ו	ף	ס	ח	ו	י
ע	כ	ר	ן	כ	ז	ר	ע	י	ם	ד	ד	ד	נ	ת	ה
ם	ט	ת	ו	כ	ר	ע	מ	ח	ק	ל	א	ו	ת	ב	ל
ב	ה	ס	ף	ס	מ	ה	ם	י	מ	ז	נ	ח	ו	ש	ד
ן	ד	ג	ן	ב	ב	ת	ש	ב	ט	י	ט	ת	ק	פ	ס
ח	ע	ה	ת	צ	ל	ט	ח	ן	ם	ה	ח	ף	ר	ב	ח
א	ה	ב	ם	ה	ד	ש	ס	ט	ח	ו	כ	צ	י	ף	ח
ח	מ	נ	מ	ד	ה	ח	ב	ע	נ	י	ף	ב	ס	ף	ף
ף	ת	ט	ה	ק	י	ח	ש	ה	פ	ק	ה	ר	ק	ח	מ
ג	ן	ף	ש	ל	ל	ם	כ	ל	א	ל	ת	ף	נ	ם	ה

חקלאות
בר קיימא
מים
דשן
סביבה
אקולוגיה
אנרגיה
שחיקה
מחקר
זרעים

זיהוי
ירקות
מחלות
מזון
זיהום
הפקה
כפרי
מדע
אדמה
מערכות

35 - Vêtements

ח	צ	א	י	ת	ל	ש	נ	פ	ת	ס	נ	נ	נ	ס	ש
ב	נ	ף	ח	א	ר	ל	א	ח	ת	ע	ג	ל	פ	ו	ל
ש	ו	כ	ג	פ	נ	ש	א	ס	א	ם	ם	ר	י	ו	ע
ש	ג	ב	ב	ה	י	ה	ר	כ	פ	פ	ו	ת	ג	ד	ט
נ	ע	ל	ע	ם	ס	פ	ע	ש	ס	ח	ף	ע	מ	ר	ן
א	ו	פ	נ	ה	ג	מ	כ	ס	נ	א	ף	ג	ה	פ	פ
ן	ן	ל	א	ר	צ	ד	ס	ס	ב	ע	ת	מ	פ	מ	ר
ר	נ	פ	מ	ב	כ	נ	ג	ל	ם	ב	צ	א	ס	ע	ג
ג	ג	ס	ם	ם	ח	נ	ח	נ	ג	ט	ל	ת	ח	ת	ף
ר	כ	ח	ס	ע	ם	נ	ט	ע	ג	נ	כ	צ	ג	ם	ס
ב	ם	א	ף	צ	ה	ט	ס	ם	י	ל	ד	נ	ס	ג	ר
י	ד	ם	ע	ה	צ	ל	ו	ח	נ	ח	ט	ס	ת	ה	ע
י	ח	ף	ן	ר	ע	א	מ	מ	ס	ד	צ	ר	פ	כ	צ
ם	ה	מ	צ	ו	י	ף	ף	ש	ת	כ	ש	י	ט	י	ם
צ	מ	י	ד	ג	ף	ר	ח	ג	ל	ר	ס	מ	ע	י	ל
ג	ח	ל	ל	ח	מ	כ	נ	ס	י	י	ם	מ	פ	ע	כ

ג'ינס
חצאית
מעיל
אופנה
מכנסיים
סוודר
פיג'מה
שמלה
סנדלים
סינר

תכשיטים
צמיד
חגורה
כובע
גרביים
נעל
חולצה
שרשרת
צעיף
כפפות

36 - Méditation

ם ף ח ת ש ף ג ר ן א ס ג ן מ ד ת
א ד ה ע ע ת ג ף ת ג ת מ ר ו ב ם
ג ע ד ח נ ו צ ג ג ד ר פ ל ח ב ס
נ ף ה ף ע ר מ ש ב ה ר ם ו ל ש נ
ג ס ם כ מ י צ י ב ה ג פ ש ח ע ט
ת צ ק ב ל ה ח ס ד ק ש ט ס פ ר ע
נ ס ר ח ל ב צ ו ד י ו ד ו מ ל ל
ו מ ח ש ב ו ת ד ס ז ת ף ל ם ם נ
ע ל ג ב ם ת ב ג מ ו ב פ ש ת א ל
ה ע ג ל ר ט ה ד כ מ א פ מ ט ש ג
ק ב ף כ ם ם מ ר ח ת ח ד ה ל פ ל
י א ה ל מ ח ס ם ד נ ר מ ל ש ב ש
ת ג ת ד מ מ צ ף נ ע ם ן ף ה ד ע
ש ל ה נ ף פ ר ס פ ק ט י ב ה א ל
ב ח ט פ פ ס כ פ כ ב ם י ל ג ר ה
א ש ב ש ח ח ן ע ע א ב מ ג ד ט ף

הרגלים
נפש
תנועה
מוזיקה
טבע
שלום
מחשבות
פרספקטיבה
יציבה
שתיקה

קבלה
ללמוד
רגוע
בהירות
חמלה
מוח
רגשות
ער
חסד
הכרת תודה

37 - Littérature

מ	ת	ט	ג	ע	ף	ם	ה	פ	נ	ה	ט	ח	ת	ת	ה
ח	ש	ד	כ	ס	ה	ח	ף	צ	ן	י	י	ר	ק	ן	ש
ב	צ	ק	ט	ן	י	א	א	ף	מ	פ	ת	ש	י	ר	ו
ר	ו	א	י	ת	ג	כ	ש	ז	ו	ר	ח	ו	ל	ס	ו
ר	ת	ש	נ	ג	ו	ע	ו	מ	ר	ג	א	נ	ח	ם	א
ס	ג	נ	ו	ן	ל	כ	נ	ם	ג	ו	ל	א	י	ד	ה
צ	א	נ	י	מ	נ	ה	ת	כ	ט	י	א	ר	פ	ע	י
מ	כ	ח	ד	ם	א	ל	כ	ם	ר	ב	כ	פ	ם	ט	ד
ת	ת	ח	ב	כ	ט	ם	ר	ם	א	ם	ב	ס	פ	ם	ג
מ	ן	ח	ג	ג	ף	ף	ע	ש	ע	צ	ל	ח	ב	ח	ר
ף	ד	ע	ן	ם	צ	פ	נ	פ	ע	ד	ב	ן	ע	ט	ט
ב	ר	ת	ג	כ	ף	כ	ר	ע	ו	פ	מ	ע	ן	מ	ל
מ	ט	פ	ו	ר	ה	ג	ד	צ	צ	א	ע	ם	ס	ש	ת
מ	מ	ח	ב	ח	ע	ה	ד	ס	מ	ם	ט	ן	ם	צ	ת
א	נ	ק	ד	ו	ט	ה	ף	ל	ח	א	פ	י	ד	ח	ע
צ	ת	ן	פ	ע	ס	פ	ע	פ	ן	ף	ע	נ	ג	ד	ם

אנלוגיה
ניתוח
אנקדוטה
מחבר
ביוגרפיה
השוואה
סיכום
תיאור
דיאלוג
בדיוני
מטפורה
קריין
שיר
פואטי
חרוז
רומן
קצב
סגנון
ערכת נושא
טרגדיה

38 - Nourriture #1

ש	ר	מ	ר	ק	צ	ש	ט	ל	ס	ל	ח	א	ת	פ	צ
ה	ה	י	ז	ף	ע	ת	ה	ב	ה	ם	ן	ב	ן	ב	ס
ן	כ	ץ	ג	ו	ד	ד	ח	ל	מ	צ	ס	ה	ב	ו	ג
ר	ב	ש	ר	א	ה	ל	ג	נ	ח	ר	ס	ח	כ	נ	א
ר	פ	ה	ס	ר	ם	ר	ן	ב	ש	ח	ר	ר	ל	צ	ב
ד	ע	פ	ה	נ	ו	ט	ח	ג	ש	ב	ש	ן	ם	ת	ל
ח	ל	ק	ם	פ	ט	ל	א	ל	ש	צ	ג	ר	ח	ג	ח
פ	י	ש	ת	א	ס	ם	ש	מ	ס	א	ל	כ	ג	ן	ע
ט	מ	ב	ש	ט	ס	ח	נ	פ	פ	ט	ר	ן	ט	ם	ג
א	ו	ף	ן	ר	ת	ת	מ	ל	ש	צ	ח	ע	א	ר	נ
ג	ן	נ	ף	א	ל	ע	ף	ם	צ	ה	ד	ש	ת	ו	ת
ף	ל	פ	ד	א	צ	ג	ר	ג	ח	מ	ס	ע	ן	ע	ס
ט	ב	צ	מ	ט	צ	פ	י	נ	ה	מ	ש	ש	ד	ם	ת
ב	ע	ת	ס	ד	ף	נ	ח	כ	ל	ש	ת	ל	ל	נ	ר
ט	פ	ר	א	ל	ח	ה	ן	ס	ה	ס	פ	ד	ט	ס	ב
ל	ט	ד	פ	ם	ו	ש	ע	ן	ו	מ	נ	י	ק	נ	ם

שום
ריחן
קפה
קינמון
גזר
לימון
תרד
תות שדה
מיץ
חלב

לפת
בצל
שעורה
אגס
סלט
מלח
מרק
סוכר
טונה
בשר

39 - Jours et Mois

ח ש א פ י ס ה ל י ל ו י ף ת ה י
ט ט ד ב ו פ ש י ר ע ג ע ם ח נ ג
פ ב ג ר ם ט א ו ה ט ע י ן ו ש ר
פ נ א ו ש מ מ נ ש ס ט ב א ש ח ש
ר ג ף א ל ב ר י י ו ם ר א ש ו ן
ם ף פ ר י ר ץ ע ש ג ה ם ה ד ל ש
ף ס ן ב ש ם י ח י ו כ ו ל ו נ ג
ף ס ה מ י ו ם ן מ א ף י ש ח ת ף
ר ף מ פ ם ע ג א ח מ ן צ ע ו ב ש
צ ס ס ש ב כ ט פ ם ת ן ל ן ג ש ר
ת ס נ ל י ר פ א ו ח ג ה ע נ ם ד
ט י י ו ם ש י ש י ל ב ל פ ת ו פ
ב א ח ש נ א מ ם ד ר ף כ ש א י צ
ב ב ל ף נ ו ב מ ב ר ב ו ט ק ו א
ב מ פ צ ף ן ל ר ת ע ד ם ם נ מ ם
ס מ ע ן מ ע ע ב צ ד ף כ ב ה ג ע

אוגוסט
אפריל
לוח שנה
יום ראשון
פברואר
ינואר
יום חמישי
יולי
יוני
יום שני

יום שלישי
מרץ
יום רביעי
חודש
נובמבר
אוקטובר
יום שבת
שבוע
ספטמבר
יום שישי

40 - Jardinage

ט	ש	א	ע	ת	ן	ב	צ	ר	ם	ד	ד	ן	ג	א	נ
כ	ח	צ	א	ע	ש	ש	צ	ד	ט	ה	ט	ש	ר	ס	ס
ד	כ	ת	ז	ט	מ	נ	ף	ם	א	צ	צ	ג	צ	ה	ה
פ	כ	ז	ר	ס	י	ט	ף	ק	כ	ש	נ	ל	י	ב	א
ס	ן	ם	ע	צ	כ	ס	ז	ח	ם	נ	ר	ו	נ	י	צ
מ	י	נ	י	ם	ל	ו	פ	ס	ש	ה	מ	ד	א	ף	ף
ג	ת	ה	ם	ם	ט	פ	מ	ע	ב	ג	ש	ם	ן	נ	ג
ע	נ	פ	ש	י	ף	מ	ג	נ	ף	ם	י	ִ	ל	ָ	ע
ח	ו	פ	ע	ל	ה	ו	ט	ע	ם	מ	ח	ג	ש	פ	ל
ס	ע	כ	ג	ק	מ	ק	ת	פ	ס	ח	ף	ן	ר	ב	ע
ב	ג	ט	ה	א	ש	ח	ה	ר	צ	ט	א	ח	ב	ם	ס
ש	ב	ה	ה	ח	י	ר	פ	פ	ח	ם	ו	ג	כ	ת	ב
ם	ע	ל	ע	ח	א	א	ל	ס	ח	נ	י	נ	ט	ו	ב
ג	נ	א	ל	ג	ה	צ	מ	ס	י	ח	ה	ת	ת	ח	ע
ג	פ	פ	ג	ב	א	נ	י	ד	א	ש	ת	ע	ט	ל	ח
ח	צ	צ	ח	ע	ט	ט	ם	מ	ל	ג	א	ד	ן	ה	ר

בוטני
זר
אקלים
אכיל
קומפוסט
מים
מינים
אקזוטי
עָלִים
עלה

פריחה
פרחוני
זרעים
לחות
מיכל
עונתי
עפר
אדמה
צינור

41 - Entreprise

ט	מ	ע	ב	ש	ת	ל	פ	ט	ש	ן	ב	ל	ש	ל	פ
ת	י	ט	ס	מ	ש	ר	ד	ם	ה	ש	ק	ע	ה	ת	ס
ג	מ	ל	ף	ס	כ	צ	ב	פ	ש	פ	ל	ב	ל	ף	ש
ט	ו	מ	פ	י	ט	ת	ו	ש	ת	ו	ט	ט	כ	ת	ד
צ	ן	ג	נ	ם	צ	צ	ע	צ	ת	פ	ג	מ	ל	ש	ח
נ	נ	ש	ה	ג	ש	כ	פ	ע	ע	ב	ע	ע	כ	ה	פ
ט	ת	ף	ג	ד	ת	ס	ף	ס	פ	ב	פ	ף	ר	צ	ח
כ	ח	כ	ן	ע	ד	נ	ם	ל	ל	ג	ג	ת	ש	נ	מ
פ	ט	ע	ה	כ	נ	ס	ה	ר	י	י	ר	ק	ו	ף	מ
ר	ב	ת	א	ת	ט	ה	ב	י	צ	ק	ת	ת	נ	ס	א
צ	א	ם	מ	ם	ן	ל	ב	נ	נ	ן	ר	ם	צ	ל	ן
ר	ת	מ	כ	מ	ד	ף	ה	ר	ר	נ	ח	ח	ו	ו	ר
צ	ב	ף	י	ט	ב	ט	ב	ם	ל	ע	ב	ד	ט	ג	ר
ת	ט	ג	ר	ח	ל	ן	ב	ט	ס	נ	ר	ל	ע	פ	מ
ד	ט	ב	ה	מ	ע	ס	י	ק	ט	ע	ה	צ	כ	ד	ט
צ	ה	ה	ר	ו	ח	ס	ה	צ	ם	כ	ה	פ	ר	ח	ס

כסף
חנות
תקציב
משרד
קריירה
עלות
מטבע
מעסיק
עובד
חברה

כלכלה
מימון
מסים
השקעה
סחורה
רווח
הכנסה
עסקה
מפעל
מכירה

42 - Activités

ק	ר	י	א	ה	ב	ת	ן	ד	מ	ס	ט	ט	ף	ג	פ
ט	ו	מ	מ	י	ת	ק	מ	פ	י	נ	ג	י	ד	ע	ט
ש	י	ש	נ	פ	צ	ד	ר	ל	צ	נ	ן	ף	י	ב	ת
ע	צ	ח	ו	ר	ט	ל	נ	ן	ל	ב	ד	ל	א	כ	ג
ן	ן	ק	ת	ה	מ	ם	ט	כ	צ	פ	ו	ר	נ	פ	ה
ס	ת	י	צ	ס	ל	ב	נ	פ	י	ת	ק	ם	פ	ג	ר
א	ת	ם	ל	ט	א	צ	ד	פ	ד	ם	י	ל	ו	י	ט
ב	ד	ל	ה	צ	כ	ע	ף	ט	ס	י	ר	ף	א	נ	ת
מ	פ	נ	י	ת	ת	נ	ב	כ	ת	ס	ש	ר	ל	כ	נ
פ	ס	ל	ע	ו	י	מ	נ	ש	כ	ר	ט	נ	ע	ס	ג
צ	ו	נ	צ	נ	ד	ב	ם	ד	א	ט	ן	נ	א	ש	י
ם	ו	ת	ס	מ	ה	ר	י	פ	ת	נ	ר	ב	ב	ר	נ
ג	ת	ד	צ	ו	ל	נ	נ	ב	ת	י	נ	ש	ש	מ	ו
ס	ע	ם	ב	י	מ	ע	ם	ס	ק	א	ג	צ	ט	ד	ן
ש	ם	ה	ר	מ	ב	ס	ת	ף	צ	ת	ה	ג	מ	ף	ן
א	ם	צ	פ	פ	ע	ר	ד	פ	ש	ש	פ	ת	ם	ס	ש

משחקים
קריאה
פנאי
קסם
ציור
דיג
צילום
תענוג
טיולים
הרפיה
פעילות
אמנות
מלאכת יד
קמפינג
ציד
מיומנות
תפירה
ריקוד
אינטרסים
גינון

43 - Mode

ש	ם	מ	כ	ס	ג	נ	ו	ן	מ	ק	ו	ר	י	מ	ל
כ	ן	פ	א	ק	י	ט	ו	ב	ת	כ	מ	צ	נ	ג	ח
צ	ף	ר	ק	מ	ה	ק	ת	ב	ב	מ	ם	ק	ר	מ	צ
מ	נ	ת	ר	ש	ש	ל	ר	ל	נ	ל	ע	ר	ד	ה	נ
נ	ס	ו	י	ט	ס	י	ל	מ	י	נ	י	מ	ו	ן	י
ח	ל	ן	ע	ב	ס	ש	א	ג	ת	ל	ס	ב	מ	צ	ם
ף	ן	ף	ע	ל	ח	ע	ס	ל	פ	ע	ט	ח	פ	ד	כ
מ	ר	א	ד	ת	ל	מ	א	ל	ג	נ	ט	י	מ	ס	ח
נ	צ	ר	א	ב	ע	ם	ח	ע	ר	נ	ד	ח	ס	ת	ו
ע	פ	ה	כ	ל	צ	ם	צ	ב	ם	ר	ם	ל	צ	ש	ת
ם	ט	ש	ע	א	ל	ם	ח	ן	צ	ה	ר	ף	א	ר	מ
כ	ת	ח	ר	ה	מ	י	ד	ו	ת	נ	פ	ש	ו	ט	ב
ג	ת	ב	ד	ה	ד	ן	ח	ע	פ	ש	ו	פ	ס	ן	ש
ר	ש	צ	כ	ח	א	ף	ד	ה	ע	ר	ר	ח	ם	ח	ן
כ	ן	ר	ל	מ	ה	ר	ב	א	פ	ב	ת	כ	פ	ס	ע
ט	ס	ת	א	צ	ד	א	צ	ס	ד	ה	ב	ל	פ	ת	ע

צנוע
תבנית
מקורי
מעשי
פשוט
מתוחכם
סגנון
מגמה
מרקם
בד

בוטיק
לחצנים
רקמה
יקר
נוח
תחרה
אלגנטי
מידות
מינימליסטי
מודרני

44 - Fleurs

צ	ע	צ	ד	נ	ס	פ	ט	ש	ה	ד	ה	ר	ף	ת	נ
נ	נ	פ	י	ן	ף	ס	פ	ג	ל	ס	ת	ד	פ	ן	ב
ל	ר	ת	י	ד	ת	ן	ד	ב	ח	ב	ה	ף	ל	ם	מ
ג	ע	א	ז	ן	א	ס	נ	ל	צ	ב	ס	פ	ה	ך	כ
ף	ל	נ	י	מ	ש	ד	ב	ת	ר	ת	ו	כ	י	ל	ע
ג	ל	ח	ר	ף	ר	נ	מ	י	ז	י	ק	ת	ל	י	פ
ה	ם	ג	א	נ	ר	א	פ	נ	ח	נ	ס	ב	ו	ל	ת
ת	ט	ף	ה	כ	פ	ת	ה	ו	ת	מ	י	פ	נ	ב	ד
ד	ס	כ	ן	ה	ס	ה	ס	מ	פ	ח	ב	צ	ג	א	ח
צ	מ	פ	ש	ת	צ	מ	ף	ד	ס	ד	י	ס	מ	י	ן
ן	צ	ב	מ	ל	ם	נ	ט	א	י	ב	ה	ן	ת	ה	פ
א	פ	ל	צ	ת	א	ר	ד	ל	פ	ר	י	ח	כ	נ	ע
ת	ף	ה	ר	ן	צ	ק	ב	ף	ל	ס	נ	ש	ט	צ	ס
י	נ	ו	ע	ב	צ	י	ם	א	ו	ר	ד	ו	ש	ד	כ
ע	ח	ס	ח	ע	א	ס	ח	פ	ר	כ	ר	ש	ם	ל	ח
ל	נ	ן	ב	ת	ב	ג	ב	ף	ה	ם	ג	ן	ה	ד	ג

סחלב
פסיפלורה
פרג
עלי כותרת
שן הארי
אדמונית
ורד
חמנית
תלתן
צבעוני

זר
גרדניה
היביסקוס
יסמין
נרקיס
לבנדר
לילך
שושן
מגנוליה
דייזי

45 - Nourriture #2

ש	ג	ם	ל	ד	ד	ק	ש	ה	ט	י	ח	ן	ף	ה	ל
ם	ש	ג	כ	ג	ף	ף	ע	י	ף	פ	מ	ר	א	ע	ח
מ	ר	ף	ב	ה	צ	ה	מ	י	ן	ש	ח	ב	ת	צ	ה
ל	ט	ש	כ	ה	נ	נ	ב	נ	ע	ה	כ	ל	י	נ	ש
ל	ע	נ	ן	ש	כ	ם	ר	ב	ה	ב	א	ל	ם	ת	מ
ח	י	ל	ו	ק	ו	ר	ב	ג	ד	ע	ד	י	ר	ל	ס
ם	צ	ם	כ	ט	ש	ח	מ	ע	א	פ	ו	מ	מ	ל	ב
ח	א	ט	ע	ו	ע	ה	א	ט	ר	ט	ב	ת	כ	ב	ף
ב	כ	ף	ק	ע	ו	מ	ר	מ	א	ט	ד	א	נ	פ	א
ן	ה	ו	ד	נ	ף	ב	נ	ס	ד	ף	ב	ם	ן	ה	ג
פ	ל	ן	ן	א	ר	ג	צ	ת	ח	נ	ן	ס	ב	ה	פ
ד	ח	ה	ס	ו	ו	ד	א	פ	ט	א	ל	ג	צ	ן	ת
א	כ	ח	ב	ר	ה	צ	י	ב	מ	צ	ת	ת	צ	א	ל
ח	ט	ה	ב	ז	י	ו	ו	י	ק	ג	פ	ן	א	ד	ה
צ	ש	ן	נ	כ	ה	י	י	ר	ט	פ	ו	ן	ח	ד	ש
ט	ד	ד	ם	ג	מ	ת	נ	ד	כ	א	ח	ג	ר	ן	ט

שקד
חציל
בננה
חיטה
ברוקולי
דובדבן
סלרי
פטרייה
שוקולד
חם

קיווי
מנגו
ביצה
לחם
דג
תפוח
עוף
גפן
אורז
עגבנייה

46 - Algèbre

נ	ן	ד	ת	ר	ש	פ	ר	ף	מ	ש	נ	ס	ר	נ	נ
ט	צ	ן	נ	ף	מ	ג	נ	ו	ס	ח	ה	ט	מ	ת	ש
ט	ם	ט	ס	ב	פ	ף	ת	נ	פ	ר	ב	ס	ל	ד	כ
ל	ר	ס	ב	ם	ט	מ	ע	ג	ר	ף	ו	ר	כ	ד	צ
י	מ	ע	מ	א	ל	א	פ	ש	פ	ג	נ	ל	ש	ע	ד
נ	ה	ה	פ	כ	ר	ן	ש	ב	ר	ג	ב	ם	ד	ף	ל
י	צ	א	י	נ	ס	ו	פ	י	ך	ע	א	ט	ש	פ	ל
א	י	ו	צ	ד	נ	ח	י	ט	י	ף	ח	ם	ס	א	ח
ר	ר	ו	ס	י	ח	ם	נ	ה	ר	ס	ה	ט	צ	ש	ת
י	ט	ש	נ	ב	י	ל	א	ר	ע	ן	נ	ה	ם	מ	ט
א	מ	מ	ל	ש	ע	פ	פ	כ	מ	ו	ת	ל	ש	פ	מ
ם	ה	ף	ר	ה	כ	ב	ט	ג	א	ר	ש	ה	ב	ת	ט
ן	ה	ת	ט	ן	פ	ג	ע	ג	ג	ת	מ	ש	א	א	ב
ח	ר	ן	ה	ר	ם	ף	ה	א	ל	פ	ט	ד	ל	ע	ט
כ	צ	ף	ס	פ	א	ר	ק	ש	ם	ב	ם	ר	ו	ג	ה
צ	ן	ד	ם	פ	ל	ה	ט	ת	ע	ן	ן	ה	ח	ת	ע

מטריצה
מספר
סוגריים
בעיה
כמות
לפשט
פתרון
חיסור
משתנה
אפס

תרשים
מעריך
משוואה
גורם
שקר
נוסחה
שבר
גרף
אינסופי
ליניארי

47 - Océan

ט	נ	ם	ל	פ	ש	ו	ת	ו	א	ג	צ	ד	פ	ה	ס
ש	ם	ג	ג	ש	ט	ן	צ	ן	ל	ם	ש	י	ר	כ	ף
ל	נ	ס	ת	ל	ל	צ	ה	ע	א	ג	ל	י	ם	ל	כ
ד	ם	מ	ה	נ	ס	ש	ר	י	מ	פ	ס	ר	צ	ר	ב
ל	ר	ש	ע	פ	נ	ס	ם	מ	ר	ד	פ	ן	ה	ה	ח
ף	א	ע	ש	ל	ש	ע	ב	כ	ס	ג	ן	ו	נ	מ	ת
ב	ב	כ	ב	פ	ם	ה	ס	כ	ע	ט	ת	י	נ	ו	ש
נ	א	ן	ס	ל	ף	פ	כ	ב	ר	ן	ט	ם	ח	ע	כ
צ	ף	ט	א	כ	ב	ה	ף	ד	ה	ף	ד	ש	ג	ר	ר
ס	כ	ע	ל	מ	ס	נ	מ	צ	ע	ס	ח	א	ת	כ	ג
ן	נ	ע	ב	ף	ר	ב	ח	ח	ג	ת	ן	ל	ה	ן	ב
ת	ד	מ	ש	ל	ן	ח	ח	ת	כ	ת	ט	מ	ל	נ	נ
כ	ן	י	פ	ל	ו	ד	מ	ט	י	צ	ר	ו	ר	ם	ע
ח	ב	ג	ו	פ	ס	ל	ח	ו	ע	ט	ס	ג	פ	ד	א
ט	צ	ל	ו	פ	ח	ד	ו	נ	ם	מ	ה	ז	ו	ד	מ
ש	ת	מ	צ	ס	ש	ל	ע	ה	ש	ף	א	ש	ף	ב	ח

מדוזה
דג
תמנון
כריש
שונית
מלח
סערה
טונה
צב
גלים

צלופח
לוויתן
סירה
אלמוג
סרטן
שרימפס
דולפין
ספוג
צדפה
גאות ושפל

48 - Antiquités

פ	ת	ב	ש	י	ט	י	ם	פ	מ	ג	ם	ח	ע	א	מ
ם	י	ר	ו	י	צ	ט	ה	ע	ק	ש	ה	ב	א	ם	כ
ד	ר	ס	ן	א	ד	נ	א	ר	י	ח	מ	ט	ב	ח	י
צ	ע	מ	ו	ם	ל	כ	מ	ך	ה	א	נ	ג	ד	ב	ר
ב	ל	ט	נ	ל	א	ג	ג	ט	נ	א	י	צ	ש	צ	ה
ש	צ	ב	ג	ם	ג	ר	נ	מ	ם	ל	ף	כ	ר	ב	פ
פ	ל	ע	ס	ט	ח	ג	ט	ט	צ	כ	כ	ט	ו	ע	ו
ה	ל	ו	ר	י	ה	ו	ט	ל	י	ף	ם	א	ז	ת	מ
ל	ס	ת	ג	ב	י	ם	ח	ף	ג	צ	ת	ט	ח	ו	ב
ג	נ	ן	ת	ג	ר	ש	ב	ה	ג	צ	ף	ף	ש	נ	י
ה	ף	ר	ט	ן	ל	מ	ם	ד	ר	ם	ט	ד	נ	מ	ת
ם	פ	ג	א	צ	ג	ג	כ	ח	ע	מ	נ	ע	ב	א	ע
י	ו	צ	א	ד	ו	פ	ן	ד	ק	ו	ר	ט	י	ב	י
ד	מ	ש	ר	ח	ל	ס	ש	ב	ב	ר	ס	מ	ל	ל	ש
ה	ח	כ	ת	ב	ח	י	ד	ח	ב	כ	ד	כ	ר	ג	ן
ע	ם	צ	ל	ת	ר	ט	ר	ת	ה	א	ו	ת	נ	ט	י

ציורים
מטבעות
מחיר
איכות
שחזור
פיסול
מאה
סגנון
ערך
ישן

אמנות
אותנטי
תכשיטים
דקורטיבי
מכירה פומבית
אלגנטי
גלריה
יוצא דופן
השקעה
ריהוט

49 - Boxe

ן	א	ה	ם	פ	צ	נ	ח	ה	ל	א	ס	מ	מ	ף	ה
צ	ס	ג	ס	ע	מ	ן	ב	ש	ח	ז	ו	ר	י	א	ג
ב	ה	מ	ר	ן	ט	מ	ל	נ	ש	נ	ר	ג	ו	ה	ר
ג	ם	ש	ח	ו	כ	א	י	ן	ן	ל	ח	ס	מ	ש	ט
ש	ס	ה	ל	מ	ף	ר	ם	ח	ע	ד	צ	ח	נ	ג	צ
פ	כ	מ	ש	ע	פ	ו	ט	צ	ע	ש	ט	מ	ו	ח	ל
ל	ה	נ	י	פ	ג	ה	ג	מ	ו	ת	ש	ר	ת	ג	א
ל	ו	ח	ם	י	ש	ט	ה	ר	ש	ו	ש	פ	ב	ט	ל
נ	פ	ח	נ	ר	ן	ש	ם	ף	ס	ד	ד	ק	ף	ב	ת
ל	צ	ס	ע	י	ב	ת	צ	נ	ג	ו	פ	ע	מ	ט	ל
מ	י	ס	ס	ב	ש	א	ה	ס	ג	ק	ט	ס	כ	ת	צ
ס	ע	ת	ב	ל	מ	ו	ן	א	ט	נ	נ	כ	ב	ר	ס
א	ו	כ	פ	פ	ו	ת	פ	ר	ט	ח	כ	ל	מ	א	כ
ח	ת	ה	צ	ל	א	ת	ה	ט	י	ע	ב	ע	מ	ר	מ
ר	מ	ו	ק	ד	ס	ח	ג	נ	ח	ר	ת	ט	ר	ט	ף
צ	ן	ב	ב	ש	ף	ל	ח	ס	ג	ט	ג	ן	ר	מ	ט

יריב
שופט
פציעות
פעמון
פינה
לוחם
מיומנות
מוקד
חבלים
גוף

מרפק
בעיטה
מותש
כוח
כפפות
סנטר
אגרוף
נקודות
שחזור

50 - Réchauffement Climatique

מ	כ	פ	צ	ה	ל	ם	ב	ת	י	ג	י	ד	ו	ל	ס
ב	ש	ש	ל	ח	ף	ב	ד	ב	ח	ג	צ	ט	ג	ע	ח
י	ל	ב	כ	ה	ח	ק	י	ק	ה	ג	צ	ף	ת	ף	ס
נ	ל	ן	ר	ם	ו	מ	ת	ו	י	ס	ו	ל	כ	ו	א
ל	מ	א	ם	ג	ת	צ	ע	י	ג	ן	ם	ל	ן	ע	ן
א	ה	ח	ק	ע	י	ע	ה	ש	ר	ף	מ	מ	ב	מ	מ
ו	ל	כ	ף	ל	פ	ח	ד	כ	נ	ד	ת	כ	ב	מ	ם
מ	ף	ב	נ	ן	י	ם	ף	ע	א	פ	פ	פ	ח	ש	ב
י	ס	ע	ט	ף	ת	ם	ח	ן	ב	ט	ף	ח	ב	ל	ט
ט	כ	ע	ן	ם	ב	י	י	ח	נ	מ	כ	ד	ח	ה	צ
ק	ר	ן	כ	ה	י	נ	ר	י	ר	א	ף	ו	מ	מ	נ
ר	נ	מ	א	ת	ב	ו	ח	ס	ו	צ	ג	ר	נ	ן	ב
א	ן	ע	ע	ל	ס	ת	ט	ח	ף	נ	ז	ו	נ	ר	ן
ת	ע	ש	י	י	ה	נ	צ	ת	ג	ע	י	ת	ם	פ	כ
מ	ד	ט	מ	פ	ר	ט	ו	ר	ו	ת	ה	ש	ד	ג	פ
א	מ	ם	כ	מ	צ	נ	כ	פ	ר	ר	נ	ס	ב	ג	ם

דורות
ממשלה
בתי גידול
תעשייה
בינלאומי
חקיקה
עכשיו
אוכלוסיות
מדען
טמפרטורות

ארקטי
שינויים
אקלים
משבר
פיתוח
נתונים
סביבתי
אנרגיה
עתיד
גז

51 - Ballet

ן ן ה ק י נ ב ט ל ה ק ס ר ת ם ח
ת ר מ א ה ל כ פ ס ג נ ו ן ג י ש
ן ם כ ס ס ב ת ת ר ג ו ל ד נ ר ב
ג פ ה ם ת מ ח ו ו ה א ו נ א ו כ
ת ה ר ה ן כ א ש ר י ר י ם ש ע ש
ט כ מ צ ג ש ס ז א פ ס פ י ע י א
ע ל ר ל ת ג ח נ ש ר כ ב נ ל ש א
ס ח א ה ן כ צ ת ת ג ח ב ד ש ס ע
כ ל ת ד ד ת צ ס צ ו ש מ ק צ ב פ
ט ב ז ב ל פ נ ע ת א ת י ר ף כ ה
ח פ מ ם ן י ח ל מ י ח ו ם ג ק ש
נ ג ו ם מ ם צ כ ם ר ן מ ב י ע נ
נ ט ר פ פ ח ה ע ן ו כ נ ז כ ב כ
ג ס ת ל ת נ ת ג א כ ל ו ן כ ג ם
א י ת ו נ מ א ע ו צ מ ת ת פ ט ה
ף ס פ ח ף נ מ צ נ ה ף ח ט ב ר ב

שרירים
מוזיקה
תזמורת
תרגול
קהל
חזרה
קצב
סולו
סגנון
טכניקה

אמנותי
כוריאוגרפיה
מיומנות
מלחין
רקדנים
מביע
מחווה
חינני
עוצמת
שיעורים

52 - Fruit

ן	ם	ד	ש	כ	ף	א	ש	מ	ל	ה	ל	ס	פ	א	ב
צ	צ	ע	מ	ס	ח	ם	ח	מ	ש	ח	כ	א	ט	נ	ף
ב	נ	נ	ה	ק	י	ו	ו	י	ט	ל	ס	ת	ג	נ	ב
ם	צ	ד	פ	נ	ר	ת	פ	נ	ג	ש	ת	ש	ת	ס	ט
ש	ד	ת	פ	ר	ב	כ	ח	ת	ת	א	נ	ה	ה	ג	א
מ	ש	ט	ד	ע	ב	ל	ע	ת	א	ט	ע	ב	נ	א	מ
ש	נ	צ	ב	ג	ל	נ	צ	צ	ף	ד	ע	א	ג	פ	ן
מ	ע	ג	פ	א	ם	ס	ן	ח	ף	א	ה	י	א	פ	פ
כ	א	ן	ו	ד	ק	ו	ב	א	ן	ת	נ	ו	ת	ן	ח
ס	ת	ע	ס	ט	ל	ג	ד	ב	ף	ח	י	ג	ס	ב	ע
צ	ד	א	פ	ם	א	ע	ב	כ	א	מ	ר	ד	כ	ר	ש
ט	כ	ע	ט	א	ל	ר	ו	ח	ב	ח	ט	ב	ם	נ	ב
ל	י	מ	ו	ן	פ	ם	ד	כ	ם	מ	ק	ן	ע	ר	ח
ט	ס	נ	ם	א	ן	ר	ם	ת	א	ב	נ	ד	ה	א	ד
פ	כ	א	ס	צ	ט	ד	ס	א	מ	ל	ו	ן	ס	ב	ד
ר	א	כ	ר	ף	ן	ף	ט	ק	ה	ף	ב	ס	מ	ה	ג

משמש
אננס
אבוקדו
ברי
בננה
דובדבן
לימון
תאנה
פטל
גויאבה

קיווי
מנגו
מלון
נקטרינה
כתום
פפאיה
אפרסק
אגס
תפוח
גפן

53 - Musique

ע	א	ז	פ	ו	א	ט	י	ן	ף	ר	ח	ן	ד	ת	ג
ט	ל	מ	ם	ם	ו	ם	ר	ר	ש	ט	ת	ף	ס	ג	נ
ף	ב	ר	ב	ה	פ	ה	י	י	ש	מ	ג	ש	מ	ה	ג
כ	ו	נ	ל	א	ר	כ	ל	א	ס	ה	נ	י	ג	נ	מ
ר	ם	ע	ד	מ	ה	כ	ת	ק	כ	ט	מ	א	ף	נ	כ
ש	ע	ר	ה	ח	ן	ל	ת	י	ב	ל	ם	ן	ן	ב	ב
ת	ן	ש	ף	ז	ע	ד	נ	ז	ה	ר	מ	ו	נ	י	ה
כ	ח	א	ש	מ	צ	ט	ק	ו	ל	י	ב	צ	ק	ר	ט
ס	נ	ר	מ	ר	ל	מ	ט	מ	פ	כ	צ	נ	מ	ם	ל
ף	ס	ם	ן	ו	פ	ו	ר	ק	י	מ	ק	ו	ח	א	ק
ב	א	ב	ט	ל	ס	ן	ח	ה	ת	ד	נ	ר	ל	ג	ה
ח	ה	ת	ע	ק	ל	ַ	א	ִ	ס	י	נ	ת	ר	ע	ש
כ	א	מ	ס	ס	ג	מ	נ	ס	ה	ף	ר	ת	ף	ע	ח
ש	ש	ב	נ	ח	מ	ט	צ	מ	ר	ר	ף	ס	נ	ג	ע
ם	ד	פ	כ	ב	ח	צ	נ	א	ף	ד	נ	ח	ג	א	ד
ג	ש	ט	ן	ה	ת	צ	נ	ג	א	ג	צ	ף	ג	ש	ל

אלבום
בלדה
שר
זמר
קלַאסִי
הקלטה
הרמוניה
הרמוני
לאלתר
כלי
לירי
מנגינה
מיקרופון
מחזמר
מוזיקאי
אופרה
פואטי
קצב
קצבי
קולי

54 - Météo

ה	מ	ג	ר	ט	ח	ר	ב	מ	ד	ב	ל	ף	ר	ט	ט
ק	ו	ג	ק	ד	צ	ו	ל	צ	ש	כ	א	ב	ל	מ	נ
ו	נ	ס	י	ג	ס	·	ת	ש	ק	ק	ה	ת	פ	ט	פ
ט	ס	נ	ע	ע	ם	ח	ח	כ	ל	ר	ף	ר	ר	ב	ה
ב	ו	ב	ר	ק	ע	_	ע	י	ש	ל	ט	ו	ע	ש	ף
ת	ן	ה	א	ר	ר	ע	ם	ח	ס	ו	צ	צ	ש	ב	י
צ	נ	ר	ו	ח	א	א	פ	ע	ר	ד	ר	ב	ם	ל	ח
ח	ע	י	ת	ל	ש	מ	ש	ה	ד	נ	נ	ם	ב	ף	ף
מ	ת	ו	ף	ת	ת	א	ח	ט	ע	ר	מ	כ	ס	ף	ף
צ	ב	ו	מ	ח	ן	ף	א	מ	ת	ו	כ	נ	ש	מ	נ
ב	ס	א	ס	צ	ק	ת	ח	ד	נ	ט	ד	נ	ש	ג	ד
ח	ר	נ	פ	כ	י	פ	ו	ר	ט	ף	צ	ט	ר	ט	ם
ש	ס	ס	ר	מ	ר	נ	נ	ג	נ	ף	ד	ה	פ	ש	ג
מ	צ	ל	מ	ע	ו	א	א	ד	ה	ן	ה	ל	ד	ש	ם
ח	ש	ח	ש	מ	ה	ל	ת	נ	ב	ף	ף	ב	נ	ט	ה
ב	ש	ע	ב	ב	ף	ת	א	ב	נ	מ	ב	כ	א	כ	ם

הוריקן
הקוטב
יבש
בצורת
טמפרטורה
סערה
רעם
טורנדו
טרופי
רוח

קשת
אווירה
רוּחַ
ערפל
רקיע
אקלים
קרח
לח
מונסון
ענן

55 - L'Entreprise

ד	כ	ס	ת	ן	ש	ה	מ	ר	ה	ר	ט	ש	ה	ב	פ
כ	ט	נ	ר	ל	כ	ע	צ	ת	ת	ף	צ	ף	כ	ת	א
צ	ר	ר	ע	נ	ג	ק	ג	ע	ק	ש	ן	ף	ג	ה	ש
ס	ר	צ	ס	ה	ה	ש	ת	ס	ד	א	נ	ב	ח	ח	א
ט	ת	ו	א	ק	ם	ה	ו	פ	מ	צ	ף	ל	ג	ד	ל
ח	ת	מ	פ	ו	ן	ם	ד	ם	ו	ף	ט	ט	ת	ש	נ
ה	ש	ע	ש	ס	י	ת	י	צ	ת	ה	ר	ע	מ	נ	ע
ש	ש	כ	ר	ע	ט	ם	ח	ח	י	צ	י	ר	ת	י	ת
מ	ג	מ	ו	ת	י	ר	י	ם	ם	י	נ	ו	כ	י	ס
צ	ט	צ	ת	ד	נ	ג	נ	ט	כ	א	ת	א	ט	ט	ע
פ	ק	ם	ו	כ	ו	ע	צ	נ	ת	ג	ט	ל	ה	נ	ל
מ	כ	מ	כ	ת	מ	פ	ע	ב	ע	ש	ף	ר	ח	ד	ן
ד	נ	ב	י	ד	ט	ת	כ	נ	ר	ג	ע	ט	א	ד	ת
ן	ג	ן	א	נ	ע	ע	ס	ק	י	ם	י	ב	א	ש	מ
ה	י	י	ש	ע	ת	פ	ס	ן	ף	ר	ס	ל	ב	ן	ת
צ	ס	ה	מ	ן	ר	מ	ף	פ	צ	ש	ל	נ	ס	מ	מ

מקצועי
התקדמות
איכות
משאבים
הכנסות
מוניטין
סיכונים
שכר
מגמות
יחידות
עסקים
יצירתי
החלטה
תעסוקה
תעשייה
חדשני
השקעה
אפשרות
מצגת
מוצר

56 - Gouvernement

ה	ט	ר	ד	נ	א	ז	ת	ח	ם	ק	ד	צ	ש	ה	ס
פ	כ	ף	נ	ה	ז	כ	ם	ד	ל	א	מ	י	ף	מ	כ
ן	ה	ף	ן	ג	ר	ו	ה	מ	ו	א	צ	א	ו	ר	ט
א	ן	ה	ד	ה	ח	י	ט	ו	ף	ח	ב	ג	ח	ן	ה
ם	ס	ר	ע	ר	ו	ו	ה	ק	י	ט	י	ל	ו	פ	א
ה	ד	ס	צ	ד	ת	ת	ד	ר	ו	ב	י	ד	ב	ד	ד
ס	ף	ר	ד	ג	ו	ע	ס	ט	ת	ח	ג	צ	ף	ת	י
ש	ף	ש	כ	א	א	פ	ט	י	מ	ו	א	ל	צ	ש	ב
ד	ח	ר	ר	ש	מ	ג	ן	ה	ק	ו	ח	מ	ש	ש	ד
נ	ס	ט	צ	ח	צ	ש	י	פ	ו	ט	י	ס	ה	ו	ה
ה	ג	נ	ן	מ	ע	ר	ע	ר	ב	ן	א	ל	ף	ו	ה
ה	ב	ט	ל	ף	ג	ר	פ	מ	ן	ן	ל	ש	ש	י	ן
ש	ל	ר	ן	ג	ת	ע	פ	ן	ד	ע	ר	ת	ד	ו	ף
ח	י	ר	ו	ת	ה	צ	ס	ט	ת	ת	ן	ע	ח	ן	ס
ר	ע	ה	מ	ש	כ	ש	ח	ח	כ	נ	ד	פ	ת	צ	ר
ר	ט	מ	פ	ח	ת	ט	פ	צ	ב	ס	ר	ה	ד	צ	פ

אזרחות
אדיב
חוקה
דמוקרטיה
דיבור
דיון
זכויות
שוויון
מצב
עצמאות

שיפוטי
צדק
חירות
חוק
אנדרטה
אומה
לאומי
שליו
פוליטיקה
סמל

57 - Randonnée

ג	ע	ש	ע	א	ט	כ	ד	ב	כ	נ	ג	ת	פ	ן	א
ן	ל	מ	ת	ש	ת	ד	ל	ה	ב	ף	נ	ד	ג	ף	ר
ט	ב	ס	נ	ל	ג	ח	נ	ח	ד	ג	ש	ת	ו	י	ח
ט	נ	צ	ה	ל	ל	ן	ל	פ	ד	ן	ג	ש	ש	ס	ש
ב	ם	פ	ה	פ	ן	ס	ע	ה	ע	ל	ד	צ	ת	ר	מ
ע	ת	ח	צ	צ	ף	כ	כ	ל	ע	ר	ג	ת	ם	ג	ש
ת	ה	פ	מ	ז	ג	א	ו	ו	י	ר	ת	א	פ	ף	פ
ג	נ	צ	ן	צ	ה	צ	ט	ה	ם	ג	ל	י	ג	ף	ט
ת	צ	ן	ן	ג	ט	צ	ש	נ	ט	י	י	ה	ה	ג	כ
צ	ד	ה	ע	מ	ד	ר	י	כ	י	ם	ר	ס	א	ן	ף
ש	ל	ן	ם	ם	מ	ה	ש	ה	ש	צ	ד	ה	ע	ח	ג
א	מ	ע	צ	ה	ח	ה	ה	ג	ס	פ	ש	צ	ל	ב	נ
ס	ב	א	ם	א	נ	ג	ן	פ	ף	ף	ג	ף	ג	ב	י
ת	נ	ן	ק	ו	צ	א	ק	ל	י	ם	י	ק	ר	א	פ
ג	נ	ה	ע	ם	י	נ	ב	א	י	ל	ע	פ	ר	ל	מ
ש	ד	ש	ב	צ	ד	פ	ת	מ	ע	ט	ח	פ	ט	פ	ק

חיות
מגפיים
קמפינג
מפה
אקלים
מים
צוק
עייף
מדריכים
כבד

מזג אוויר
הר
טבע
נטייה
פארקים
אבנים
הכנה
פראי
שמש
פסגה

58 - Nutrition

ח	ל	ב	ו	נ	י	ם	ת	ר	ו	ט	ב	צ	ן	ע	נ
ן	י	מ	ט	י	ו	י	ו	ט	ה	ן	ר	כ	צ	ר	צ
ה	ס	י	ס	ת	א	נ	י	מ	א	כ	י	ל	פ	ש	ח
ס	ת	ד	מ	ב	ת	י	ר	מ	ד	י	א	ט	ה	ס	ע
נ	ט	ט	ו	ג	ל	ל	ו	ף	ת	ע	ת	פ	צ	ב	ל
צ	מ	ן	ר	ף	ש	ב	ל	ה	ה	ל	ף	ש	ט	ב	פ
ג	ף	ס	ש	מ	ל	ת	ק	ב	ט	נ	ף	ד	נ	ר	ט
ע	מ	ש	ל	ע	ב	נ	צ	ג	ח	א	ד	ת	א	י	ם
ח	ט	ר	י	ר	מ	ר	מ	ח	ד	ת	נ	ו	ן	א	ל
ת	צ	ף	א	ח	ח	ס	ה	פ	ם	צ	כ	מ	צ	ו	פ
ע	ר	א	ת	צ	ד	ר	מ	ש	ק	ל	א	י	ע	ת	ג
ח	ג	ל	ר	ר	ה	ב	א	י	כ	ו	ת	מ	ר	צ	ן
ב	ד	נ	ו	ז	ל	י	ם	פ	ז	כ	צ	ח	צ	ה	ב
כ	ס	ל	ב	ל	ר	ע	ל	ן	ח	י	ש	פ	ף	מ	ם
נ	כ	ף	ל	ר	ט	פ	ן	ט	ח	ע	מ	ח	ד	ח	נ
ם	ל	כ	ה	מ	כ	ב	פ	ר	מ	כ	ן	ב	ר	ל	ב

נוזלים
משקל
חלבונים
איכות
בריא
בריאות
רוטב
טעם
רעלן
ויטמין

מריר
תיאבון
קלוריות
אכיל
דיאטה
עיכול
תבלינים
מאוזן
תסיסה
פחמימות

59 - Créativité

ד	צ	נ	ש	ד	ם	ס	מ	ת	ט	ת	ג	ר	ו	ש	ם
ע	ר	ע	מ	ש	פ	א	ם	ו	ת	ר	צ	צ	ג	ר	ט
פ	מ	מ	ל	ד	מ	ס	פ	י	ה	ה	כ	ד	פ	ט	פ
ל	י	ו	ט	י	ב	א	א	נ	ם	ש	נ	ל	ש	ח	ס
ד	ו	א	פ	י	נ	ט	נ	ו	פ	ס	א	ל	א	כ	נ
א	מ	ו	כ	ד	ב	צ	כ	י	ח	ד	ה	נ	ו	מ	ת
מ	נ	ת	ר	ף	ן	ס	ת	ח	ז	נ	א	ס	ם	ד	ח
נ	ו	נ	ד	ע	ו	צ	מ	ת	י	ז	ר	ג	ש	ו	ת
ו	ת	ט	מ	ה	י	ש	ם	ו	ו	י	ש	ס	ל	מ	ו
ת	פ	י	מ	ת	מ	ר	נ	נ	נ	ל	ה	פ	מ	א	ר
י	ס	ו	ף	ב	ד	נ	פ	ו	ו	ו	כ	א	ס	מ	י
ש	ב	ת	ע	ם	ן	ל	מ	י	ת	ב	ת	ל	צ	מ	ה
ף	ט	ת	ח	ו	ש	ה	פ	ע	ד	ן	ש	ל	ג	מ	ב
ד	ם	ח	ת	ג	ר	ן	ה	ר	נ	ב	ן	נ	ח	פ	ה
א	י	נ	ט	ו	א	י	צ	י	ה	ר	ת	ף	ט	צ	א
א	ס	ף	נ	נ	פ	ה	פ	ה	ר	מ	ר	ת	ן	ף	מ

אמנותי
אותנטיות
בהירות
מיומנות
דרמטי
ביטוי
רגשות
נזילות
רעיונות
תמונה

דמיון
רושם
השראה
עוצמת
אינטואיציה
המצאה
תחושה
ספונטני
חזיונות
חיוניות

60 - Science Fiction

ת	ה	ט	ח	ן	א	מ	ף	נ	ב	ס	ב	ב	ל	ש	ה
ר	י	ן	ה	ן	צ	ב	ד	ע	ה	פ	צ	ר	מ	נ	כ
ח	פ	ד	ר	ח	כ	א	כ	מ	ג	ב	ש	ג	א	ם	ן
י	ו	נ	ח	ן	א	ו	צ	ש	ם	פ	ף	ב	ב	ש	א
ש	ט	ת	ט	ל	ר	ש	כ	ס	ל	ף	ם	ט	ר	ם	ד
נ	ו	א	ש	ס	ה	ע	ט	ב	מ	ס	ת	ו	ר	י	ט
ה	א	ה	נ	ק	ט	ט	ה	ח	ל	ק	ר	ו	א	ר	ש
פ	ט	ד	נ	י	ה	י	ל	ש	א	כ	ד	ח	ה	פ	פ
ר	ף	ג	ע	צ	י	נ	ד	י	ת	ע	ת	ף	ר	ס	ן
א	ו	מ	כ	ו	פ	ו	ט	כ	נ	ו	ל	ו	ג	י	ה
ש	ף	ב	ף	נ	ו	י	נ	מ	ת	פ	א	ט	ו	מ	י
ר	ף	ג	ו	י	ט	מ	ב	ת	ל	י	ד	מ	מ	ה	ס
ם	ם	פ	צ	ט	ס	ד	ג	א	א	צ	נ	ם	ת	נ	ק
א	ג	ג	ל	א	י	ע	ת	ב	ג	ו	צ	ת	א	ה	ל
ם	ט	מ	ר	ר	ד	ם	ל	ו	ע	ץ	ד	ס	צ	ן	ג
ק	ו	ל	נ	ו	ע	ב	ר	נ	ג	ס	ס	פ	כ	ן	ד

אטומי
קולנוע
דיסטופיה
פיצוץ
קיצוני
פנטסטי
אש
עתידני
גלקסיה
אשליה

דמיוני
ספרים
עולם
מסתורי
אורקל
כוכב לכת
רובוטים
תרחיש
טכנולוגיה
אוטופיה

61 - Professions #1

מ	ט	ב	ב	ט	ם	פ	ה	ע	ג	ל	ח	ס	פ	ם	א
ס	א	ן	צ	מ	נ	ף	ס	ש	ע	ג	ג	א	ס	ש	נ
צ	ד	מ	ן	ב	ד	ע	נ	נ	ס	ט	ר	ד	י	צ	ם
מ	ט	ח	ן	נ	ח	ע	ף	ן	ת	ו	ח	א	כ	צ	נ
מ	ת	ל	ט	ד	ה	ט	ן	ג	ע	ר	ב	ג	ו	כ	א
ר	כ	צ	י	א	ק	י	ז	ו	מ	י	ן	צ	ל	ג	ר
ע	ר	ף	ש	ב	ל	ג	ס	ל	ל	ר	פ	ת	ו	ב	צ
ם	ר	ן	כ	ט	ף	ר	ח	ו	ה	ג	ח	ה	ג	ם	כ
כ	צ	ס	ת	פ	ע	ק	ה	א	ר	ש	ם	ב	ט	ף	נ
ב	ר	ב	ר	ש	ד	ד	ב	י	ר	צ	ר	צ	ע	ס	ק
א	נ	מ	ה	ר	ו	ן	ש	ג	ל	ע	ח	י	ב	ל	ר
י	י	ם	ד	כ	ק	מ	ה	ח	ף	ר	ס	י	נ	ת	ט
ע	ר	ע	מ	א	ט	ט	ר	ע	ו	ר	ך	ד	ק	נ	ו
ת	ט	ס	ה	ם	ו	נ	ו	ר	ט	ס	א	ה	א	ה	ג
ף	ו	ח	ש	ד	ר	ע	ו	ר	ך	ד	י	ן	י	ה	ר
ף	ר	ס	ם	ה	ט	ב	ם	ט	ת	ן	ה	ג	ג	ד	ף

גיאולוג
אחות
דוקטור
מוזיקאי
פסנתרן
שרברב
כבאי
פסיכולוג
מדען
וטרינר

שגריר
אסטרונום
עורך דין
בנקאי
תכשיטן
קרטוגרף
צייד
רקדן
מאמן
עורך

62 - Géologie

ל	ל	צ	ח	ם	ר	ת	ל	צ	ן	ס	י	ד	ן	ב	ח
מ	ש	ב	ג	ס	ם	ם	ב	ג	ש	ד	ב	מ	ף	צ	ס
ע	ת	נ	ח	ו	מ	צ	ה	ש	פ	ם	ש	א	כ	מ	ב
ף	ה	ל	כ	נ	א	ב	ן	צ	ג	ג	ת	ף	ח	ט	ט
מ	מ	ת	נ	ח	ל	ף	ר	נ	מ	מ	כ	ע	ח	ח	ת
א	ל	מ	ו	ג	ב	י	ש	י	ם	א	ת	כ	ל	ת	ש
ר	ה	ג	ב	ן	ה	ס	נ	ח	ק	ו	ו	ר	ץ	כ	ש
ר	כ	א	ע	ל	מ	ר	ה	ף	ל	ב	מ	פ	ב	ד	פ
ן	פ	ח	ט	ע	ל	ז	נ	א	ב	ן	ן	ה	ב	ת	ף
מ	צ	ח	ר	י	ף	י	ט	ט	ש	ש	ל	ת	ח	ל	מ
מ	ן	ה	ם	נ	ר	י	י	נ	נ	ש	ע	ג	ר	ה	פ
ם	ה	ד	ן	ח	ט	ג	ף	ת	פ	צ	ח	ף	ף	מ	צ
ף	א	נ	ה	ק	י	ח	ש	נ	ש	א	ס	ע	ש	ר	ת
ח	צ	ב	ן	א	ם	פ	נ	מ	ע	ז	ב	ש	ר	ת	מ
ן	ה	ת	ה	פ	ת	מ	א	ע	ף	ו	צ	ב	ל	ס	ה
ף	ס	ם	ה	ד	ל	ל	נ	ג	צ	ר	ן	ס	ט	א	פ

גייזר
לבה
מינרלים
אבן
רמה
קוורץ
מלח
נטיף
הר געש
אזור

חומצה
סידן
מערה
יבשת
אלמוג
שכבה
גבישים
שחיקה
מותכת
מאובן

63 - Jardin

מ	ל	נ	ע	כ	ן	ב	מ	ר	ל	ך	ס	ו	מ	ש	ס
ס	ל	א	ע	א	מ	ר	ח	ן	ף	ב	ל	פ	ן	נ	ל
ע	ץ	ת	ח	ן	ג	ת	ת	ג	ן	פ	ג	פ	ס	ף	ע
ה	ס	ח	ר	פ	ר	ם	א	ס	ן	ס	ר	ר	ר	ל	י
ד	ד	פ	ד	מ	פ	ף	ש	פ	א	ד	ע	צ	ן	מ	ם
ב	ם	י	ג	ג	ה	ה	א	צ	ש	ג	ר	ש	ב	מ	י
ף	מ	ר	ו	נ	י	צ	ב	א	נ	ג	ד	ף	ג	ה	ט
א	ה	ה	ס	ר	ט	ס	ן	ח	ש	ג	ש	ע	ת	מ	ו
ת	ף	מ	פ	ל	א	נ	פ	ט	פ	ף	ף	ש	ף	פ	ש
ה	ל	ד	ף	ג	ט	נ	ט	ב	כ	נ	ב	ד	ן	מ	ם
ב	ף	א	פ	ן	כ	ן	פ	ט	נ	ב	ג	ט	ע	ד	י
מ	ר	נ	ה	כ	ט	ב	ה	מ	ר	פ	ס	ת	ס	ן	ב
מ	כ	י	ג	ע	ג	ו	ג	ב	א	נ	א	ן	מ	ב	ש
ד	צ	ט	כ	פ	ר	ש	מ	א	ס	ף	מ	ל	מ	ם	ע
כ	ם	ן	ש	ה	ח	ס	ט	ר	מ	פ	ו	ל	י	נ	ה
ל	ט	ת	ח	ף	ף	כ	ל	ם	א	מ	צ	ד	ד	ש	א

עשבים שוטים
את חפירה
המרפסת
מגרפה
סלעים
אדמה
טרסה
טרמפולינה
צינור
גפן

עץ
ספסל
בוש
גדר
בריכה
פרח
מוסך
ערסל
דשא
גן

64 - Santé et Bien Être #1

כ	פ	נ	ס	י	א	ן	ה	פ	א	ף	ב	ר	ה	ש	ף
ה	ב	ו	ג	צ	ט	ף	ע	ר	ס	ח	ר	ד	ן	א	נ
ה	ף	א	נ	י	ד	י	ג	מ	כ	פ	ג	ד	צ	ש	ע
ג	ף	ת	ש	ב	ל	ד	כ	ן	פ	ף	ה	ת	צ	ע	ל
ם	ב	ם	ע	ה	ג	ס	ל	ג	נ	ש	ח	ח	ת	ם	ר
ד	ו	ק	ט	ו	ר	א	ט	מ	כ	ה	א	ו	פ	ר	ב
נ	ב	ם	צ	ג	ה	ה	ש	ר	י	ר	י	ם	ת	ו	ג
ג	ג	ל	ג	ת	ו	מ	צ	ע	פ	ט	פ	י	ח	ע	ש
י	ר	ה	צ	ח	ר	ח	ס	ל	ת	ע	ל	ק	ק	ב	ף
ף	פ	ו	ה	צ	ג	פ	ק	ן	ל	ב	ב	ד	ר	צ	ת
כ	צ	ר	ר	צ	ע	ס	ב	ח	ט	ם	ט	י	מ	ג	פ
ת	י	מ	פ	ה	א	פ	ר	מ	י	ף	צ	י	ת	ש	ם
ף	ע	ו	י	ד	ל	ג	ט	ן	פ	ח	ב	ח	י	ב	צ
ל	ה	נ	ה	כ	א	ף	ת	ש	ו	ס	ר	ש	ב	ת	ל
ל	ח	י	מ	ד	מ	ב	ס	ט	ל	צ	נ	ה	א	ת	ף
ר	כ	ם	ב	ע	ר	ש	צ	ט	ס	כ	ד	נ	ע	ת	פ

רפואה
שרירים
עצמות
עור
בית מרקחת
יציבה
הרפיה
רפלקס
טיפול
נגיף

פעיל
חיידקים
פציעה
מרפאה
רעב
שבר
הרגל
גובה
הורמונים
דוקטור

65 - Barbecues

ף	ט	מ	צ	ב	ד	ל	ט	ת	ט	מ	פ	ף	ם	נ	ה
ם	ל	ע	ל	ת	ט	ף	ח	ט	ס	ג	ל	ל	מ	ט	כ
פ	ם	ר	פ	ה	ט	מ	מ	ב	ב	ע	ח	ר	צ	א	ד
ג	ם	צ	ם	י	נ	י	כ	ס	ת	ף	נ	צ	ם	ה	ת
ר	ט	ש	י	ל	ד	י	ם	ח	ו	ר	ע	פ	מ	פ	ם
י	א	ב	ק	ף	ה	ן	י	ב	ר	ע	ת	ח	ו	ר	א
ל	ר	ף	ח	ג	ק	ר	ט	ט	י	ב	מ	ו	מ	פ	ב
ב	ו	ס	ש	ץ	י	ק	ל	ו	פ	פ	ל	ת	ק	נ	ן
ג	ח	נ	מ	ע	ז	ף	ס	ר	א	ל	ח	ט	ה	ר	ג
נ	ת	ד	ח	ר	ו	נ	ת	ה	ח	פ	ש	מ	נ	ט	י
ן	צ	ת	ף	ס	מ	ף	מ	ת	ם	ל	ש	צ	ת	מ	א
צ	ה	פ	ג	ף	כ	ת	א	א	ר	ע	ש	א	ח	ה	ם
א	ר	ל	ש	פ	ת	ב	ע	ג	ב	נ	י	ו	ת	ף	מ
מ	י	ן	ב	ג	פ	צ	ש	ח	ח	ל	ג	ש	ב	כ	מ
מ	י	ח	ס	ל	ן	ל	ט	א	ח	ש	כ	נ	צ	א	מ
כ	ם	נ	ת	פ	כ	ש	צ	ש	ע	מ	ת	ס	צ	ם	ף

חם
סכינים
ארוחת צהריים
ארוחת ערב
ילדים
קיץ
רעב
משפחה
פירות
גריל

משחקים
ירקות
מוזיקה
בצל
פלפל
עוף
סלטים
רוטב
מלח
עגבניות

66 - Forêt Tropicale

נ	ה	ע	כ	ן	ס	ח	ס	נ	מ	ר	ל	ת	ע	ב	ג
ח	פ	ר	א	ל	ע	ש	ב	ה	ק	צ	נ	ן	ט	ד	מ
ש	י	מ	ו	ר	ו	ז	ח	ש	ל	ר	נ	ס	ט	ח	ב
פ	נ	א	ג	צ	ט	ב	ע	צ	ט	כ	פ	ת	א	פ	נ
ת	ט	ע	ת	ל	ם	ח	כ	ם	ם	א	י	ל	צ	ר	ע
פ	ו	צ	ג	ג	נ	נ	ה	ח	ש	פ	ק	ח	ר	ל	כ
ע	ב	ב	ם	י	ר	ו	פ	י	צ	צ	ר	ל	ג	ט	נ
פ	נ	ע	ן	ל	ו	ד	ף	א	י	ל	י	ד	ג	ן	צ
ד	ק	ם	ב	ש	ף	ו	מ	י	נ	י	ם	י	נ	נ	ע
ו	צ	ה	ח	ט	ח	ב	ן	ם	ב	ת	י	ש	ח	ת	ד
ח	פ	ד	י	ט	ש	כ	ת	ה	ט	ס	ל	ג	נ	ו	ג
י	ר	ט	ח	ל	ע	ע	פ	ן	ט	ש	ק	ל	ג	ד	ב
י	ג	צ	ת	ר	ה	ב	ה	כ	כ	נ	א	נ	ל	ר	ת
ם	ת	ת	ח	כ	ק	נ	ד	ב	ד	צ	פ	ד	ס	ש	כ
ס	ס	כ	ב	ע	ס	י	ל	ט	צ	ח	ג	ן	צ	י	ח
ה	ט	ב	ע	ע	ח	ת	ם	י	ק	נ	ו	י	כ	ה	ן

דו-חיים
בוטני
אקלים
קהילה
גיוון
מינים
יליד
חרקים
ג'ונגל
יונקים

טחב
טבע
עננים
ציפורים
יקר
שימור
מקלט
כבוד
שחזור
הישרדות

67 - Ferme #1

ה	ס	ח	ג	ח	ב	צ	מ	ב	נ	ל	פ	ן	א	ל	פ
ס	צ	מ	ח	ר	ם	ל	ה	צ	א	מ	נ	ג	ב	מ	ר
ר	ג	ו	ף	צ	ש	ד	ה	ם	ע	כ	ש	ה	ש	ם	ה
כ	ב	ר	ד	ע	ח	פ	כ	ט	ה	ס	ג	ט	א	ט	ר
כ	כ	ג	ד	ז	ה	ל	ר	ש	ס	ף	ד	ב	ל	מ	ו
פ	ר	ח	ג	ה	פ	ם	ת	ת	ס	ת	א	ן	א	ב	ב
ע	צ	ס	ש	ח	ס	מ	ר	ת	ן	ב	ס	ת	נ	נ	ד
ע	א	ש	ב	ף	צ	ן	ב	ב	נ	ת	ו	א	ל	ק	ח
ן	ן	פ	מ	ד	פ	י	ר	י	ע	ה	ס	ע	ג	ג	ג
א	ה	ף	ה	ס	ב	ח	ר	ז	ו	ד	ש	ן	ע	צ	ל
ב	ע	ב	ס	ס	ר	ש	ח	ו	ף	ן	מ	ל	ת	ט	ש
א	ו	ר	ז	ש	ו	נ	ס	ן	ה	כ	י	א	ם	ב	צ
ס	נ	כ	ל	פ	ע	ס	ג	כ	מ	צ	ם	ר	ה	ן	צ
ע	ם	פ	ה	ס	ר	כ	ס	ת	ש	כ	א	ן	ע	ד	ף
א	ף	ת	ן	פ	מ	ם	ד	ט	צ	ף	ל	ו	ת	ח	ר
נ	ב	ג	א	מ	צ	ה	צ	ן	ג	ד	ר	ב	כ	ע	צ

דבורה
חקלאות
חמור
ביזון
שדה
חתול
סוס
עז
כלב
גדר

עורב
מים
דשן
חציר
דבש
עוף
אורז
צאן
פרה
עגל

68 - Antarctique

ש	צ	נ	כ	מ	ס	ה	ח	ן	ה	ה	ם	ס	צ	ש	ס
ח	י	ע	ד	מ	ש	ם	ג	ו	ח	י	מ	ב	ט	מ	ב
מ	ק	מ	ט	ם	י	מ	ם	ש	ק	פ	פ	ף	נ	ט	י
ג	ו	ן	ו	י	מ	ד	ל	ם	ן	ר	ר	ר	ש	ת	ב
ף	ר	פ	ן	ר	ם	ד	ת	ה	ע	ג	ץ	ם	ע	ס	ה
ל	ע	כ	ם	ו	י	ב	ת	מ	ף	ו	ע	ד	ס	מ	ר
ח	ש	ה	ח	פ	נ	כ	ג	ם	ב	א	ק	ב	נ	ל	י
ל	ם	ס	ע	י	ת	ם	פ	ם	ר	ג	ר	ח	ה	ב	ג
ס	ר	ם	ח	צ	י	ה	א	י	נ	נ	ח	כ	י	ח	ה
ב	א	ן	ג	ם	י	ל	ר	נ	י	מ	פ	נ	פ	ן	ה
י	ב	ש	ת	ל	ו	ל	ד	ו	ס	ט	ף	ת	ר	ף	צ
ב	ה	פ	פ	ח	ו	ל	ד	ח	א	י	י	ם	ג	ף	ם
ב	ף	ר	ג	ב	ל	ת	ה	ר	פ	ם	ט	א	ו	ת	ף
ל	צ	ב	כ	ב	ש	ש	כ	ק	א	צ	ב	ם	פ	ר	צ
ר	צ	א	ש	צ	ב	ט	מ	ט	מ	פ	ר	ט	ו	ר	ה
ש	ל	ג	ה	ע	ת	ף	ל	ס	ע	מ	ן	ט	ט	ס	צ

קרחונים
איים
הגירה
מינרלים
ציפורים
חצי האי
רוקי
מדעי
טמפרטורה
טופוגרפיה

מפרץ
לווייתנים
חוקר
שימור
יבשת
מים
סביבה
משלחת
גאוגרפיה
קרח

69 - Professions #2

א	פ	ו	ר	נ	ג	נ	ן	ב	ר	ת	ן	ר	ב	ן	ב
ס	י	י	ט	ף	ב	א	ג	י	ו	י	ס	ה	ם	ל	ל
ט	ז	ו	א	ו	ל	ו	ג	ו	פ	נ	י	ט	ח	ד	ש
ר	ה	ר	ש	פ	ל	מ	פ	ל	א	ר	א	א	ח	ד	ן
ו	צ	י	י	ר	פ	ת	ש	ו	ש	פ	נ	א	מ	ע	נ
נ	ט	ס	מ	ש	נ	כ	ע	ג	י	ס	ו	מ	ן	ר	ג
א	מ	ו	ר	ה	ם	ר	ת	ח	נ	ע	ת	ר	נ	נ	ע
ו	כ	מ	כ	ף	ו	ס	ו	ל	י	פ	י	ן	מ	ת	ח
ט	נ	ל	ן	ד	ם	ר	ן	צ	י	ג	ע	ף	נ	ע	ח
ד	א	ד	כ	ת	א	ח	ף	ב	ם	ח	ף	ה	ת	נ	ג
ף	ח	ה	ף	ג	ד	מ	ף	א	ל	ד	ף	ה	ה	ח	ס
פ	מ	ת	ר	ף	צ	ט	ד	ף	צ	ע	פ	ל	נ	ן	ח
ת	מ	ר	ר	ה	ע	ט	ת	ב	ח	פ	ב	כ	ג	כ	ע
ף	צ	ב	מ	ע	נ	ג	פ	ש	ו	ט	פ	ת	א	כ	ה
ם	י	ר	ל	מ	ה	נ	ד	ס	ק	ב	מ	ג	כ	ג	ג
מ	א	ש	ף	ש	ג	צ	ם	ל	ר	ת	א	כ	כ	נ	א

אסטרונאוט
ספרנית
ביולוג
חוקר
מנתח
רופא שיניים
בלש
מורה
מאייר
מהנדס

ממציא
גנן
עיתונאי
בלשן
רופא
צייר
פילוסוף
צלם
טייס
זואולוג

70 - Les Abeilles

ר	ה	ט	ל	ס	ע	ג	ע	ע	א	ף	צ	ל	א	ח	ב
ס	ה	ח	ר	ק	ד	ף	מ	ה	ן	כ	ף	ף	ל	ן	ח
כ	ת	ן	ף	ש	ש	א	א	ב	ק	ה	ג	ד	מ	ט	ב
מ	ף	ר	נ	ה	ה	נ	ר	ש	ס	ם	ח	ל	ף	פ	נ
ד	ף	ח	נ	ת	ב	ח	ף	ש	ה	ש	נ	י	מ	ס	כ
ס	ת	ש	ג	מ	ט	י	פ	ר	ח	י	ם	ע	ר	ע	פ
א	ה	נ	ד	ד	ן	ל	צ	ל	ן	ט	ת	ו	ן	פ	ם
פ	ש	צ	פ	ן	ו	ז	מ	מ	ה	ג	ט	מ	ג	ט	ה
ע	פ	ד	ס	ג	א	ה	ח	א	נ	ר	ט	מ	מ	ד	כ
ג	מ	פ	ח	ר	מ	כ	י	ב	ח	ט	ל	כ	ת	כ	נ
ר	י	ש	ב	ב	פ	ן	ם	י	י	פ	נ	כ	מ	פ	ש
ג	מ	ו	ף	ם	מ	נ	ם	ק	כ	ה	ה	כ	ד	כ	ע
כ	ע	ש	ו	פ	ט	ל	פ	י	ר	ו	ת	ב	ב	ד	ו
צ	ל	ש	ף	ן	ד	ר	כ	ר	מ	ע	ם	ן	ש	ע	ו
א	ס	מ	א	ג	א	ס	ט	ה	ח	ם	ב	ט	מ	ת	ה
ר	ם	כ	ו	ו	ר	ת	ף	ם	פ	ת	ן	ד	ש	ת	ף

כנפיים
מועיל
שעווה
גיוון
נחיל
פריחה
פרחים
פירות
עשן
חרק

גן
דבש
מזון
צמחים
אבקה
מאביק
מלכה
כוורת
שמש

71 - Santé et Bien Être #2

ם	ר	ף	א	ש	ע	ד	ף	ב	ת	ם	ש	ל	ח	ץ	ף
ן	ה	ה	ר	ס	ן	ע	ם	ח	י	ו	ס	י	ע	ד	פ
ת	ש	ם	ט	ת	ל	ס	ב	ע	א	ה	ע	ל	ף	צ	ם
ג	ו	ט	ג	ן	ר	ע	ש	ע	ב	י	ד	ו	ש	ת	ס
נ	י	ע	נ	כ	א	ס	ה	נ	ו	ז	ת	ח	ן	ח	א
ש	ט	ן	ט	ם	מ	ה	ט	ט	ן	ש	ב	ה	ד	ם	נ
ל	מ	מ	י	פ	א	נ	ר	ג	י	ה	ח	ד	ב	ן	ט
ד	י	ש	ק	א	ל	ר	ג	י	ה	ן	פ	ז	ל	פ	ו
ק	ן	ק	ה	י	ן	ח	ה	פ	א	א	ש	ף	ו	ג	מ
ה	ל	ל	ט	ר	כ	ל	ח	ת	ה	ע	ג	ה	ה	ר	י
ל	ף	ו	ל	ב	ר	ב	ד	ל	י	מ	ב	ד	פ	נ	ה
ל	ן	ר	ר	א	ר	צ	פ	פ	ד	י	נ	מ	ח	פ	ף
נ	צ	ן	ם	י	ל	ו	ח	ת	י	ב	ב	ם	ף	נ	ד
ר	א	ן	ב	ן	ה	נ	י	י	ג	י	ה	ש	ע	מ	כ
צ	ד	ב	ד	ל	ם	ט	ן	ת	ע	מ	נ	ר	ו	צ	צ
ט	כ	ר	ף	נ	ג	א	מ	ד	ט	ן	ן	ג	ש	ת	ד

אלרגיה
אנטומיה
תיאבון
קלוריה
גוף
התייבשות
אנרגיה
גנטיקה
בית חולים
היגיינה

זיהום
חולי
עיסוי
תזונה
משקל
שחזור
בריא
דם
לחץ
ויטמין

72 - Conduite

ג	ס	ף	ם	ל	ה	ן	ף	ל	מ	ת	ת	ם	ד	ס	צ
ב	ח	ס	ל	ף	ע	ח	פ	ם	ה	פ	כ	ג	מ	ן	ע
ט	ל	ל	ש	ל	ה	ע	ת	צ	ח	מ	נ	ו	ע	ת	ל
ס	ל	מ	כ	ף	ב	כ	ש	ה	ל	ב	ל	ן	מ	ה	ר
ם	ת	ס	י	ג	נ	ב	ע	ס	ה	ט	ר	ת	ש	ר	ע
ע	י	ה	א	ם	ן	י	א	א	פ	כ	צ	ף	ט	ט	ס
ת	א	א	ל	ב	ס	ש	ע	ו	מ	צ	ד	ב	ר	פ	ם
נ	ש	מ	כ	ו	נ	י	ת	פ	ה	פ	ד	ל	ה	ן	ס
ן	מ	ן	ן	ר	כ	ף	ל	נ	ב	ס	ה	מ	ק	ב	ר
ב	נ	ל	נ	ש	ה	ב	ב	ו	ף	ל	נ	צ	ף	ף	ד
ם	ה	ע	ו	נ	ת	ד	ט	ע	מ	ג	כ	ר	צ	ף	ב
ף	ר	ד	ג	ן	ל	ש	י	נ	ב	ך	ס	ו	מ	ע	כ
נ	ה	נ	ו	א	ת	ם	ח	ף	ם	ג	צ	ט	ל	ג	ז
ת	ח	ב	ו	ר	ה	ן	ו	י	ש	י	ר	צ	כ	ש	ח
ע	ט	ן	ת	ם	ב	ן	ת	ה	ו	ל	כ	י	ר	ג	ל
ט	ד	פ	מ	מ	ה	י	ר	ו	ת	פ	ר	ב	ט	כ	כ

אופנוע
הולכי רגל
משטרה
כביש
בטיחות
תנועה
תחבורה
מנהרה
מהירות
מכונית

תאונה
משאית
דלקק
מפה
סכנה
בלמים
מוסך
גז
רישיון
מנוע

73 - Plantes

ף	ד	ח	ע	נ	ט	ט	כ	ק	ו	ב	מ	ב	ש	ע	ע
ה	מ	ד	ס	ל	ל	ח	ש	י	ר	ב	ם	ח	ו	ל	ָ
מ	ן	ל	ן	ו	י	צ	א	ס	ת	ש	ס	ט	ר	ה	ל
נ	פ	ג	ג	ד	ע	כ	מ	ו	ע	א	ב	ן	ש	ד	ִ
ע	ג	ה	א	ג	ט	ץ	ו	ס	צ	ה	ג	ת	ג	ן	י
נ	ה	ח	ש	ל	ג	כ	ת	ת	ה	ב	מ	ב	מ	ב	ם
צ	ב	ן	פ	ן	כ	מ	ת	י	ר	ת	ד	ל	ף	פ	ג
ת	מ	א	ב	ן	ה	ח	ן	ע	ע	ת	ש	ס	מ	מ	ם
ם	ט	ל	צ	ל	מ	ף	ס	ו	י	ה	א	ש	ד	פ	צ
ח	צ	ף	ד	ל	נ	ם	ד	ע	פ	ר	ב	ף	פ	כ	ד
ד	מ	ף	ם	ד	ג	ע	ם	ש	ע	ר	ה	פ	ב	ף	ת
ב	ש	ח	ה	פ	ר	ח	ב	ו	ט	נ	י	ק	ה	ע	ע
ש	ם	ת	ן	ב	כ	ל	ם	א	ת	צ	י	ל	ם	א	ר
מ	ח	ק	ק	ט	ו	ס	ב	ו	ש	צ	ח	כ	כ	ש	ת
ב	מ	ל	ר	ם	ה	ע	ט	נ	ש	ב	מ	א	ב	ס	פ
מ	ן	פ	מ	ר	נ	ס	כ	ס	מ	ד	צ	צ	ן	ב	צ

עץ
ברי
במבוק
בוטניקה
בוש
קקטוס
דשן
עָלִים
עלה
פרח

יער
לגדול
שעועית
דשא
גן
קיסוס
טחב
עלי כותרת
שורש
צמחייה

74 - Ferme #2

ד	ה	ש	ת	ה	א	ח	ש	ל	ח	צ	ח	ע	ן	פ	ר
צ	ה	ח	ש	ח	ש	ס	ם	ס	ו	י	ן	ד	ו	ח	א
א	ש	נ	ף	נ	ת	ג	כ	ט	ר	ת	ט	ע	ז	כ	פ
ו	ק	ר	י	מ	ח	ן	ד	ר	ת	ן	ל	ה	מ	א	ל
ו	י	פ	צ	ס	ה	ל	ע	ק	נ	כ	ג	ל	מ	ג	פ
ז	ה	י	ב	ד	ף	ל	ב	ט	ח	ר	ב	ט	ס	ל	ב
י	נ	ר	ח	י	ו	ת	כ	ו	ט	ם	ח	ש	ר	פ	ר
ם	ס	ו	ה	ת	א	נ	ש	ר	ח	ד	ש	ף	י	ת	ו
ס	ל	ת	ע	צ	ד	ן	ף	ג	ט	א	ר	ף	ת	ם	ו
א	ב	ר	א	י	כ	ר	ש	ר	ה	ט	ף	נ	ר	כ	ז
ב	ע	כ	ס	ם	ם	א	ל	א	ח	ח	ן	פ	ו	ן	א
ס	נ	צ	ר	נ	ש	ע	ו	ר	ה	מ	ב	מ	ו	ם	ס
ב	צ	ס	ב	מ	צ	ש	ג	א	ם	פ	ש	ף	כ	צ	ע
ד	ת	ג	ט	ן	נ	ב	ש	ל	כ	ל	ף	ש	ף	ג	ד
ס	צ	ף	מ	צ	ד	מ	נ	צ	פ	ה	ד	פ	א	ג	ג
ף	ג	ן	פ	ש	א	ף	ח	ד	מ	ן	ה	ע	ס	ף	ר

טלה
איכר
חיות
חיטה
ברווז
פירות
אסם
השקיה
חלב
לאמה

ירק
תירס
טחנת רוח
כבשים
מזון
אווזים
שעורה
אחו
כוורת
טרקטור

75 - Vacances #2

ת	ו	נ	מ	ז	ה	כ	נ	ת	ג	ם	ב	ג	ט	ע	ד
ב	ח	ד	ם	ה	ז	ס	ק	פ	ג	ת	כ	א	מ	ט	ש
כ	ד	ב	מ	ב	י	ב	ה	מ	ל	ב	ח	ת	ד	ט	ג
ר	ג	ף	ו	ח	ו	צ	ט	ה	פ	ו	ע	ת	ה	ד	ש
ף	ט	ע	ד	ר	ט	ף	צ	ם	א	י	א	נ	פ	ב	ס
ם	מ	ט	ם	ס	ה	פ	מ	ג	ט	ס	נ	ם	ב	ה	ן
כ	ת	ס	א	ה	ף	ס	ל	מ	ל	ו	ן	ג	ז	ש	ת
ד	מ	ס	ע	ד	ה	א	ו	ה	ל	מ	ם	ר	ר	י	ם
ח	ף	ח	ס	ע	ן	כ	א	פ	ד	א	ם	צ	כ	ם	כ
כ	א	ת	מ	י	צ	ש	ע	ד	א	י	ה	ב	ד	א	ן
ד	צ	ג	ד	ם	ש	ף	כ	ח	ט	נ	ב	א	ב	ם	ף
מ	ו	נ	י	ת	ח	ן	ת	ד	ש	ס	נ	ה	ש	ת	ף
ם	ח	ש	צ	נ	ע	ג	ל	ר	ג	ט	ב	מ	נ	ס	פ
נ	כ	מ	צ	ם	מ	נ	ה	כ	ח	ר	ש	ח	ן	ב	ד
א	ל	נ	ל	ד	פ	ף	ה	ו	ם	ה	ן	ת	ח	ם	פ
כ	ן	צ	ת	ר	ר	ע	ש	ן	ס	ף	ן	ג	ף	מ	נ

שדה תעופה
קמפינג
מפה
יעד
זר
מלון
אי
פנאי
ים
דרכון

חוף
מסעדה
הזמנות
מונית
אוהל
רכבת
תחבורה
חג
ויזה
מסע

76 - Éthique

ס	ר	ה	ר	ס	ל	ח	ח	ט	א	פ	ם	ת	ע	ם	ש
ב	צ	א	ף	ד	ו	מ	ד	ס	ס	ד	ע	מ	מ	ד	י
ל	י	ס	ר	צ	צ	ב	ה	י	ל	ר	נ	צ	ס	ס	ת
נ	ו	א	ב	א	ע	ט	ל	ר	פ	ת	ע	צ	ת	כ	ו
ו	נ	פ	ט	ו	א	ף	ט	נ	א	ל	פ	ס	א	ג	ף
ת	ל	מ	מ	פ	ט	ה	י	פ	ו	ס	ו	ל	י	פ	פ
נ	י	נ	צ	ט	ע	ר	כ	י	ם	ת	ח	מ	ף	פ	ע
ס	ו	ג	ס	י	מ	ט	ד	ד	ח	א	ו	ת	ט	ל	ו
נ	ת	ד	ר	מ	ף	ה	פ	פ	ס	ל	כ	ש	ה	י	ל
ס	ד	ר	ש	י	כ	ב	ו	ד	מ	ט	מ	ם	ר	ר	ה
ר	ס	י	ש	ו	ח	מ	ל	ה	ע	ר	ה	ם	נ	ל	ט
ד	ח	ב	ב	ת	ד	מ	פ	ר	ש	ו	י	ב	צ	ש	ט
פ	ס	ס	ה	ת	נ	ס	ר	ע	י	א	י	ו	ש	ר	ה
ה	א	נ	ו	ש	ו	ת	ג	צ	ו	י	ת	ט	ר	ח	ה
ל	ה	מ	ב	ד	צ	מ	ס	ג	ת	ז	כ	ר	ש	פ	ת
ף	א	ת	ה	ל	ש	כ	א	א	ה	ם	א	פ	ג	נ	ס

אלטרואיזם
נדיב
חמלה
שיתוף פעולה
כבוד
דיפלומטי
חסד
יושר
האנושות
יושרה
אופטימיות
סבלנות
פילוסופיה
סביר
רציונליות
מעשיות
חוכמה
סובלנות
ערכים

77 - Temps

ד	צ	מ	ה	ע	מ	ד	ף	ב	ע	כ	ה	מ	מ	צ	ל
צ	א	צ	מ	ט	ב	ד	ן	ג	ל	ל	ל	נ	ף	ב	ט
ע	כ	ר	ה	ף	ן	נ	ף	ן	ח	ף	ד	פ	צ	ע	צ
כ	ג	ד	ס	כ	ב	ם	ף	ע	ח	ש	צ	כ	ל	ת	צ
ש	ר	נ	ר	ח	ו	ד	ש	ל	ו	מ	ת	א	ע	ת	ן
י	ה	צ	ג	ל	פ	נ	י	מ	ג	צ	ש	ע	פ	צ	ה
ו	ג	ע	ש	ע	ה	ר	ק	ו	ב	ע	ע	ש	ר	ס	ת
ד	ד	ח	מ	ט	א	א	ש	ג	ה	צ	ף	ו	מ	נ	ש
ה	ד	י	ת	ע	מ	ד	ם	ע	ר	א	ל	ר	ל	ע	ס
ע	ל	צ	ע	כ	צ	ח	ם	כ	ט	ת	פ	כ	ד	מ	ג
ס	ו	ה	ג	ח	פ	ש	כ	ר	א	כ	ד	ם	ו	י	ר
פ	ח	ר	ח	פ	נ	ע	ח	ב	נ	צ	ג	ע	ו	ב	ש
ד	ש	י	ס	ס	ל	ו	ה	ל	י	ל	ב	ו	ר	ק	ב
ק	נ	י	ן	א	ס	ן	ף	ן	ת	ף	ג	ד	צ	נ	ט
ה	ה	ם	ח	ח	ר	ע	ר	ח	נ	צ	ס	ן	פ	ף	ר
ש	מ	ר	ת	א	מ	ח	ה	צ	ש	ס	ב	ת	מ	ם	ס

שעון
יום
עכשיו
בוקר
צהריים
דקה
חודש
לילה
שבוע
מאה

שנה
שנתי
לאחר
לפני
בקרוב
לוח שנה
עשור
עתיד
שעה
אתמול

78 - Maison

ג	כ	ל	ח	ש	ד	ת	צ	ג	ף	ל	ד	ן	ה	ג	ג
מ	ג	פ	ף	כ	ם	ך	ס	ה	נ	ש	ע	ט	א	א	ס
ם	א	ש	ם	ן	ן	ס	א	ש	פ	מ	ם	א	ה	ש	א
ד	ה	מ	פ	ת	ח	ו	ת	ט	ל	ף	ב	מ	ש	ש	ש
ד	ג	ג	ג	ף	ב	מ	ק	י	ש	ס	צ	ף	פ	ן	ר
מ	פ	מ	ט	א	ט	א	ר	ח	ע	ב	ח	א	ר	ד	ג
ן	צ	ף	ה	ע	מ	י	ה	ן	ף	ס	ל	ט	ד	ם	ג
ם	ם	פ	ע	ע	ק	ל	י	ג	ל	ן	ב	ע	ח	ג	ת
ד	ח	ד	פ	מ	נ	ו	ר	ה	ה	ן	ל	ש	מ	מ	י
כ	נ	מ	ט	ף	א	ח	פ	ת	ו	ע	צ	א	ס	ה	י
ת	ח	ל	ק	מ	ף	ף	ס	י	צ	מ	מ	ם	ם	ט	ל
ן	ע	ג	מ	ב	פ	ג	ל	ש	ר	ם	ס	ע	פ	ת	ע
ם	ב	כ	ר	ב	ע	ו	ש	א	ב	נ	נ	ג	ח	פ	ם
ה	ב	ר	א	ס	נ	מ	ש	ם	ן	ט	ת	ל	כ	א	צ
ף	ב	ב	ה	ו	ח	ל	ן	ת	ס	צ	ו	ב	ת	ע	ט
ט	ד	ל	ת	ל	ד	ף	ף	ש	ג	ן	ע	ע	ר	ד	ס

עליית גג
גן
מנורה
מראה
קיר
תקרה
דלת
וילונות
שטיח
גג

מטאטא
ספריה
חדר
אח
מפתחות
גדר
מטבח
מקלחת
חלון
מוסך

79 - Légumes

ש ד ה מ צ ה ג כ א מ ב ס ס כ ר ב
ר ש ה י ל י ז ו ר ט פ ח ת ע ל ד
ל א י ף ר י צ מ ט ן ה כ ל ן א ר
ח ל י ם ט נ מ ג ן ס צ ל נ ע ש ת
ח ו ר ה ש ב כ ש צ ע פ ף ת ר ה ל
נ ת ט ד פ ג ח ז י ת ם ש ל ע ג ת
ט כ פ ר ד ע מ ב ל ן ו פ פ ל מ ג
ל צ ב ת צ ש פ ע ו פ ע צ ט ש א ג
ט ל ס ם ח צ ד ל ק ה מ נ ד א ט פ
ת מ ט ג ם ה ב א ו ל ס ו ע ח ל כ
ם ט ט ט ף כ ס פ ר ע ף ן נ ע ס צ
ש ב ל ר ף ל א ב ב ח ש ת ח צ א ט
פ ד ה ג ר ס נ ף צ ם א ם ו ש א ם
ח ח ז נ ח ל ם י ד צ נ ה נ ו פ א
ל ר ט י ר ר ל ק ו ש י ט ר א ע ג
ה ר כ ג פ י ת ל ן ר נ ח ש ח צ ף

תרד
ג'ינג'ר
לפת
בצל
זית
פטרוזיליה
אפונה
צנון
סלט
עגבנייה

שום
ארטישוק
חציל
ברוקולי
גזר
סלרי
פטרייה
דלעת
מלפפון
שאלות

80 - Plage

ח	ל	צ	ף	מ	פ	ר	ש	י	ת	ב	ת	ת	כ	ה	ע
ע	ג	ן	ע	ש	ש	ח	מ	צ	ר	כ	א	ש	ג	פ	ס
ם	ש	ע	ל	א	פ	ד	ש	ע	ה	ש	ס	ט	ם	ה	ל
ף	מ	ג	ג	א	ן	כ	ן	ח	ע	ת	צ	ט	ם	ע	מ
י	ש	ן	ב	א	ע	מ	פ	ג	ד	פ	א	ע	ת	ח	פ
ם	ע	ב	כ	ף	ה	ד	ה	ב	מ	ו	נ	ר	כ	פ	ג
ל	מ	ג	ב	ת	ו	ח	ש	ל	ק	ג	ף	ח	ב	ן	ז
ח	ו	פ	ש	ה	ר	י	ס	י	ר	ט	ו	ל	ת	א	י
ן	א	פ	ב	ן	ת	ד	י	ף	ש	ל	ח	ף	ט	ע	ם
ח	ב	ר	מ	ט	א	נ	ל	ן	ו	ו	ע	ג	מ	ה	י
ג	ס	ל	ם	ר	ו	ר	ט	ב	נ	ח	ת	ם	ם	ש	ל
נ	ב	כ	כ	ס	ל	ט	ם	ג	י	ה	מ	ד	ה	ל	ד
ל	א	ם	ס	ן	ג	ב	ח	מ	ת	מ	ם	ט	ם	ע	נ
ם	כ	ד	ב	ע	ו	ע	צ	ר	ר	ש	ר	ש	ט	נ	ס
ל	ל	ן	ג	ע	נ	ת	ב	ש	א	ח	ת	ה	ש	ד	ת
ע	מ	ט	ר	י	ה	כ	ל	ל	ע	ם	נ	ד	ף	א	ב

אוקיינוס
מטריה
שונית
חול
סנדלים
מגבת
שמש
חופשה
מפרשית

סירה
כחול
פגזים
חוף
סרטן
עגן
אי
לגונה
ים
לשחות

81 - Famille

ג	ס	ף	ת	א	א	י	מ	א	ח	א	ד	ו	ד	ן	ב
ס	ג	ב	ר	ד	ר	ה	ב	ן	ב	פ	ה	ף	ר	ר	ן
צ	ג	ר	ס	א	י	א	ה	ק	מ	ת	ם	מ	צ	צ	ם
ב	ת	ף	ס	ל	א	נ	ד	ד	ד	ח	מ	ל	ס	ב	א
ע	ף	ע	ד	ף	ם	מ	ע	ל	ב	ש	א	ב	ת	ת	ס
ל	ח	ו	כ	ב	ו	ר	ל	י	ן	נ	ש	ב	ש	צ	ב
מ	ת	ש	ן	ן	ג	ל	א	ה	א	א	ה	ג	מ	ע	א
נ	ל	א	ן	ר	ם	ט	כ	מ	צ	ג	פ	ד	פ	ס	ב
ב	ל	ר	ה	ד	י	ל	ד	י	ם	ב	ס	ה	ס	ב	ת
ם	ן	ב	ן	ס	ן	א	מ	א	ר	ב	ב	כ	ת	א	צ
ה	מ	נ	ת	ג	צ	א	ן	ח	ב	ן	ת	א	ה	כ	צ
ח	צ	ת	ש	ב	ד	כ	ם	ו	ח	ג	א	ח	י	י	ן
ת	ב	א	ח	י	י	נ	י	ת	ם	ג	א	ל	ר	צ	פ
ת	פ	א	ה	ה	ד	ם	ל	ה	ש	מ	ב	ת	נ	ד	מ
ס	ף	ד	ל	פ	ו	מ	ר	ע	ט	ב	ה	ב	ן	מ	ף
פ	פ	ח	ע	ל	ד	ת	ה	ד	ו	ד	י	ש	ד	ס	ר

בעל
אימהי
אימא
אחיין
אחיינית
דוד
אבהי
אבא
אחות
דודה

אב קדמון
בן דוד
ילדות
ילד
ילדים
אשה
בת
אח
סבתא
סבא

82 - Oiseaux

כ	ה	ל	ל	ם	ר	כ	ם	פ	ה	ג	נ	ם	ט	ש	ס
פ	ל	ש	ב	נ	ח	ט	כ	ג	ב	מ	ס	ס	ב	ר	ל
ד	פ	ל	ם	ש	פ	ה	ן	א	ר	ח	ב	כ	ה	ד	א
ן	מ	ש	ד	ת	ה	צ	י	ב	א	פ	ס	ו	ו	ט	ח
ה	ל	ל	ת	ו	פ	ם	א	ו	מ	כ	ם	ם	ר	ס	ט
ש	ב	ן	ש	כ	נ	מ	ו	ג	ש	ק	נ	א	י	ע	ן
ע	ט	ר	ש	י	א	ז	ג	ר	ת	א	ל	ד	א	פ	א
ו	ע	ו	ף	ח	ש	ו	נ	י	ו	נ	ה	פ	ה	מ	ל
ר	ם	ת	ח	נ	ס	ו	י	ן	י	ו	ו	ג	נ	י	פ
ב	מ	ב	ד	ר	ו	ר	מ	ג	ד	ט	ס	ה	א	ט	ק
ב	ח	נ	מ	ל	ו	ב	ל	ף	ל	ט	ה	ב	ר	ט	ו
ש	ע	כ	ל	ב	ן	ף	פ	ד	ם	ס	ס	ג	כ	ו	ק
ר	ש	נ	ר	נ	ת	ד	ם	ל	ע	ל	ל	פ	ה	ק	י
מ	נ	ב	ף	ף	ם	ס	א	ל	ג	ר	א	נ	ת	א	י
ף	ט	פ	ג	ג	ם	ט	ש	ש	מ	מ	ד	ש	כ	ן	ה
ט	מ	ג	צ	נ	ג	א	ש	ת	נ	ן	ע	ש	ע	ע	צ

דרור
שחף
ביצה
אווז
טווס
תוכי
שקנאי
יונה
עוף
טוקאן

נשר
יען
ברווז
חסידה
עורב
קוקייה
ברבור
פלמינגו
אנפה
פינגווין

83 - Disciplines Scientifiques

א א ב פ מ ה ן ם צ ן א ן מ ג ב ת
ס ש י א ר ב ו ט נ י ק ה י י ל ר
ט ט ו ח ה א ס ס מ ן א י נ א ש מ
ר מ כ נ י ק ה ו ס ק ח ג ר ו נ ו
ו כ י ל ג ן נ ר ו ס א ו ל ל ו ד
נ י מ ת ו ו ם ל כ ר ס ל ו ו ת י
ו מ י ט ל צ ו כ כ ה ח ו ג ג ע נ
מ י ה ו ו ג ן א ט י ן י י י א מ
י ה ג ג י ם ו ע ה ג ע ז ה ה צ י
ה י צ ה ב ל א נ ט ו מ י ה ס צ ק
ה פ ה ס ו ן ת נ כ ל א פ ע ד ל ה
פ ם נ ג ט ם ה י ג ו ל ו כ י ס פ
מ צ י מ ן צ ם ע ל ר ג ט ש צ ט ף
ה ה ע נ ס פ ס ו צ י ו ל ו ג י ה
נ ל מ ט א ו ר ו ל ו ג י ה ש ל ת
ה י ג ו ל ו א ו ז נ ע ן ר ד פ ח

אנטומיה
ארכאולוגיה
אסטרונומיה
ביוכימיה
ביולוגיה
בוטניקה
כימיה
אקולוגיה
גיאולוגיה
אימונולוגיה

בלשנות
מכניקה
מטאורולוגיה
מינרלוגיה
נוירולוגיה
פיזיולוגיה
פסיכולוגיה
סוציולוגיה
תרמודינמיקה
זואולוגיה

84 - Maladie

ן	ש	ד	ד	ד	ל	כ	נ	ב	נ	ף	ת	נ	מ	ס	א
ג	ת	ס	פ	ל	ט	ת	ו	ב	ן	ל	ף	מ	ו	ש	ס
ם	ד	ע	ד	ה	ל	ה	י	ת	א	י	ר	ג	ת	ח	ח
ב	ל	ד	ג	ל	ב	נ	ר	ו	ש	ח	ן	ו	נ	ע	ן
מ	ס	צ	ל	ת	ק	מ	ו	א	נ	ד	ט	ף	י	ף	צ
נ	ש	י	מ	ה	ב	ת	פ	י	ל	ל	ב	צ	ה	ט	ש
ר	ל	נ	ד	ח	ד	נ	ת	ר	נ	ר	ם	ב	ט	י	ת
כ	ח	ו	ט	ם	מ	ו	י	ב	ת	מ	ג	ן	א	פ	ט
צ	ב	ר	ר	ל	פ	מ	ה	מ	ו	ף	ן	י	ס	ו	ע
ד	ר	כ	צ	ל	ד	ס	ה	צ	ר	ט	ד	ג	ו	ל	ד
מ	ט	ג	ף	ס	ם	ת	ג	ש	ש	ן	ע	ל	נ	ת	ב
א	ט	א	ע	ם	פ	ו	כ	ן	ת	ר	ר	ר	י	ט	צ
ד	ן	ג	צ	ע	ח	נ	ש	ע	י	ף	ס	ם	ס	מ	י
נ	פ	ד	מ	ף	א	י	ה	ן	ח	נ	ח	ב	ח	ב	ע
ם	צ	ר	ו	ר	ע	ס	ת	מ	ס	ב	ן	נ	ש	ש	ם
ף	ח	ע	ת	מ	מ	ח	מ	ד	ה	ת	ע	פ	ג	ח	ם

בטן
אלרגיות
כרוני
מדבק
גוף
לב
חלש
גנטי
תורשתי
חסינות

דלקת
מותני
נוירופתיה
עצמות
ריאתי
נשימה
בריאות
סינוס
תסמונת
טיפול

85 - Univers

ח	פ	ן	צ	ט	א	ג	ל	ג	ל	ה	מ	ז	ל	ו	ת
נ	ו	ה	י	מ	ו	נ	ו	ר	ט	ס	א	ל	ת	מ	מ
פ	ק	ש	ת	פ	פ	ח	י	ם	ה	ל	צ	ף	ק	מ	ט
צ	ס	מ	ך	ת	ק	ם	ר	פ	א	מ	ר	נ	ו	ב	ט
ם	ל	ש	פ	ת	ע	ב	ח	ו	ר	ו	ק	ש	ה	ש	ט
ה	ט	ג	ל	ק	ס	י	ה	ר	י	ו	ו	א	מ	ר	נ
י	ט	ח	פ	ב	פ	ת	ע	ה	ר	צ	ה	נ	ש	פ	פ
פ	כ	ע	נ	פ	ר	צ	ר	פ	ן	ב	ג	א	ו	מ	ה
ו	ר	ת	צ	ש	ע	ק	צ	ג	א	כ	ם	ה	ו	ס	מ
ך	ת	ט	נ	ם	ס	ר	י	מ	ס	ו	ק	צ	ה	ל	י
פ	ר	ה	כ	ד	ח	פ	ו	ע	ט	ם	ף	ג	ד	ו	ס
ף	ף	ו	מ	ע	ם	ם	ל	כ	ר	ם	ף	מ	ט	ל	פ
נ	פ	ע	א	ט	ג	ש	ג	ר	ו	נ	פ	ר	ף	ף	ר
א	ס	ט	ר	ו	נ	ו	ם	ת	א	ן	כ	ט	ס	ם	ה
ת	ת	ש	ט	נ	ר	כ	א	ר	י	כ	ע	ט	פ	ס	ל
ע	ן	ה	א	ט	ג	ה	ג	ן	ד	ג	מ	פ	ף	ע	ר

אסטרואיד
אסטרונום
אסטרונומיה
אווירה
רקיע
קוסמי
קו המשווה
גלקסיה
המיספרה
אופק

קו רוחב
אורך
ירח
חושך
מסלול
שמש
היפוך
טלסקופ
גלוי
גלגל המזלות

86 - Géographie

מ	ת	ס	פ	ח	ש	ד	ל	ב	ד	ת	ה	פ	ע	מ	א
ש	ב	ף	ב	ט	ג	ל	צ	א	מ	ח	ע	ן	ע	ח	ט
ן	ה	ש	ל	כ	ת	ג	ן	ב	ר	ע	מ	ת	ס	פ	ד
ג	ר	י	ע	ד	ל	ה	מ	צ	י	א	ח	א	פ	ט	ג
מ	פ	ה	נ	י	ד	מ	ה	ד	ד	נ	ס	פ	ע	ש	ף
ד	ס	צ	פ	צ	ג	ו	ב	ה	י	ה	ט	א	צ	ס	ש
ע	י	ת	ס	ן	ע	ב	נ	פ	א	ר	ש	ם	פ	א	מ
ל	מ	ח	י	ש	ף	ה	מ	ד	ן	ה	צ	פ	ו	ן	ח
א	ה	ל	ב	נ	ת	ת	י	ר	ת	ד	א	ט	ב	ם	ש
א	ז	ג	ש	נ	ד	ג	ת	ם	ל	ו	ע	ע	ח	ט	ש
מ	ט	ו	ת	א	ג	ס	ס	ו	נ	י	י	ק	ו	א	א
ר	ד	ל	ר	ד	ג	ן	ה	ר	מ	ט	פ	ש	ר	ג	ב
ף	ס	ם	ס	ש	ן	ן	ם	ד	ד	צ	פ	א	ו	ל	ף
ד	ג	א	ב	ת	ט	מ	ט	ח	ס	ח	ש	פ	ק	א	ת
מ	ף	ח	פ	ף	ג	ד	ה	ב	כ	כ	ם	ח	ר	ש	ר
ע	א	ר	ת	ע	ט	צ	ס	צ	ע	ת	ג	פ	פ	ף	ן

גובה
אטלס
מפה
יבשת
נהר
המיספרה
אי
קו רוחב
ים
מרידיאן

עולם
הר
צפון
אוקיינוס
מערב
מדינה
אזור
דרום
שטח
עיר

87 - Bâtiments

א	א	ו	נ	י	ב	ר	ס	י	ט	ה	פ	ת	נ	ג	א
ט	צ	ע	ב	י	ת	ס	פ	ר	ש	ף	נ	ל	ף	ס	ן
ם	ע	ט	ק	ר	מ	ר	פ	ו	ס	מ	מ	ע	ב	ד	ה
א	ט	ל	ד	מ	ר	ס	א	ש	ה	ו	ע	ש	ד	ה	ר
א	ו	ף	ב	י	מ	מ	נ	ר	ם	ז	ח	ם	ס	א	י
צ	ג	ה	כ	ע	ו	נ	ל	ו	ק	י	ט	י	ר	ה	ד
ס	ב	ת	ל	ה	ן	ן	ד	ו	ש	א	ס	ל	ת	פ	ש
ת	י	א	ט	ר	ו	ן	ג	ר	ן	ו	ח	ו	ע	צ	מ
ש	ג	ר	י	ר	ו	ת	מ	ע	א	ן	ל	ח	ש	מ	ש
צ	מ	צ	נ	ם	ל	פ	ר	ב	ם	ד	ע	ת	פ	ה	מ
א	ח	ר	א	מ	ו	ס	ך	ת	ן	פ	צ	י	צ	מ	ה
ף	פ	צ	ב	ן	ל	צ	מ	א	ע	פ	ף	ב	ע	ח	ש
נ	ע	ר	ה	מ	ח	ת	ש	כ	ר	ה	ש	ד	ם	פ	ה
ש	ט	פ	ף	פ	ה	ג	ח	נ	ל	ח	ט	צ	ג	ף	ף
מ	ר	פ	ן	ע	ת	ם	ם	א	ת	ע	צ	א	ם	א	ר
מ	א	צ	צ	ל	כ	נ	ף	ל	מ	ג	ח	ט	נ	ט	ס

מעבדה
מוזיאון
המצפה
אצטדיון
סופרמרקט
אוהל
תיאטרון
מגדל
אוניברסיטה
מפעל

שגרירות
דירה
תא
טירה
קולנוע
בית ספר
מוסך
אסם
בית חולים
מלון

88 - Activités et Loisirs

ק	כ	ד	ו	ר	ס	ל	ו	ב	ס	י	י	ב	ג	מ	כ
מ	ט	ן	ף	ו	ר	ג	י	א	ל	ג	ד	ג	ל	ס	ס
פ	ש	ג	ל	י	ש	מ	פ	ב	ט	ף	ת	ש	י	א	פ
י	כ	כ	צ	צ	מ	ב	א	ש	ע	מ	פ	א	ש	ם	ש
נ	ע	מ	ב	צ	ב	ט	נ	י	ס	ת	מ	ה	ה	מ	ג
ג	י	ד	נ	מ	ר	ף	ט	פ	ח	כ	ח	צ	ט	כ	ג
נ	ג	ג	ל	ש	ס	נ	ט	ר	נ	ם	ס	ח	צ	ף	ב
א	ר	ע	ף	ה	ע	ט	ת	נ	ש	צ	ב	ם	ד	ה	ן
ר	מ	כ	ד	ו	ר	ע	ף	ש	ב	ל	מ	ב	ם	ד	צ
ד	ר	נ	ל	ה	ב	ת	ף	ד	כ	ר	י	ף	ע	ם	ה
ח	א	ן	ו	נ	י	ג	ח	ם	ם	ל	ר	פ	ם	נ	ם
ש	מ	ן	ה	ת	ש	ב	ע	ב	ב	כ	ו	ג	ב	נ	ה
מ	ח	נ	ס	י	ע	ו	ת	ה	י	פ	ץ	ו	ף	ה	נ
נ	ע	י	כ	ד	ו	ר	ג	ל	ר	ב	ה	ל	י	ל	צ
ש	ם	כ	י	ן	ג	ם	ל	נ	ה	ט	י	ף	ם	צ	ש
ס	ת	ר	פ	ה	ט	י	ו	ל	י	ם	ג	ם	ע	א	ד

אמנות
בייסבול
כדורסל
איגרוף
קמפינג
מירוץ
כדורגל
גולף
גינון
שחייה

תחביבים
ציור
דיג
צלילה
טיולים
מרגיע
גלישה
טניס
כדורעף
נסיעות

89 - Livres

ד א ת ם ב ל ש י ט ס י ר ו מ ו ה
ו ר ש ק ה י ל ש ל ט כ ב ף ס מ ר
א ן א ט ר ג ס ף נ ה ג ח ט צ ח ד
ל ב צ ה ש ר א ו ף ר ו מ ן נ א ס
י ף ת ל פ ט ו ה ק ת פ ר ה כ ם ה
ו א ש ב ג ל כ צ נ י ף ג ג א ב ש
ת ע ש ף ר מ א כ ר ת פ מ ל ש ג ם
צ ף ס ו א ם ר י ש ו ד ע ע א ל ע
מ ה פ כ ר ם ט ש כ ר כ ב ש ד א ן
ן א ם ל ו ן ה א ט פ ע ט ה ע ע א
ף ף ד ח ק י ב ר מ ס ה ה ל ב נ פ
א ד ח ס ס י פ ו ר ס ד ן ד ע צ י
ס ל ט ט ש ר ר ס כ ג ם ה פ צ ח ש
ע צ ו ף מ ק מ ן ל ת א ר מ ר ד מ
פ ר ס ב ן פ ל ע ש ל ף ת כ ש ב ד
י נ ח כ ף כ ם ב ע ה ה א צ מ ה ג

מחבר
הרפתקה
אוסף
הקשר
דואליות
אפי
סיפור
היסטורי
הומוריסטי
המצאה

קורא
ספרותית
קריין
דף
רלוונטי
שיר
שירה
רומן
סדרה
טרגי

90 - Pays #2

ע	ס	ד	ר	ד	פ	צ	ג	ן	ד	ו	ס	ף	א	ג	ג
ש	ו	נ	ס	ד	ר	ר	ש	א	ד	פ	ס	ו	ר	מ	ס
ד	מ	מ	כ	פ	ל	ף	א	כ	ן	ה	ג	ן	ב	י	ן
ד	ל	ר	ת	א	מ	ח	ר	כ	ב	נ	ע	ס	ט	י	ת
א	י	ק	ן	ל	ח	ל	ג	ש	ד	ת	ב	צ	ת	ק	ס
נ	ה	ש	ש	ט	ק	נ	י	ה	מ	ב	ם	ע	א	ה	ה
כ	ת	פ	ק	י	ס	ט	ן	פ	י	ע	מ	ל	ג	ש	ר
ט	ד	ש	ע	מ	ל	ה	י	ח	ב	ד	ב	פ	ע	כ	ו
ש	מ	ף	א	ג	ה	א	ס	ה	ס	נ	פ	ם	ס	ר	ס
ט	ע	ף	ס	ח	צ	י	נ	נ	י	ל	ס	ח	צ	ל	י
ה	א	ל	ר	ל	ף	ט	ת	ה	ר	ר	ע	ת	ח	ע	ה
מ	ב	א	מ	ק	ס	י	ק	ו	ם	י	ן	ו	נ	ב	ל
ב	מ	ו	ף	ל	ו	ב	א	ג	כ	א	ם	ן	ט	ב	ן
ר	ב	ס	ב	ט	ר	ה	י	ז	נ	ו	ד	נ	י	א	ט
ף	ב	ה	ח	נ	י	ע	פ	ג	ף	ג	מ	מ	ף	ס	צ
ד	ג	ל	צ	ס	ה	ה	נ	י	א	ר	ק	ו	א	ד	פ

אלבניה
סין
דנמרק
צרפת
האיטי
אינדונזיה
אירלנד
ג'מייקה
יפן
קניה

לאוס
לבנון
מקסיקו
אוגנדה
פקיסטן
רוסיה
סומליה
סודן
סוריה
אוקראינה

91 - Fournitures d'Art

א	כ	ל	ם	י	ל	ט	ס	פ	ה	ע	ג	ט	צ	ע	ג
ק	א	כ	מ	ל	צ	ח	נ	ח	מ	ח	ק	ב	ב	ל	צ
ר	ד	ס	י	ש	ד	י	ב	ף	ל	ס	ב	ל	ע	ד	נ
י	ע	ד	ל	ס	ר	ח	ר	ד	צ	ד	ד	ה	י	ט	ר
ל	כ	ג	ף	ח	א	צ	ע	ת	מ	ן	ט	נ	מ	ת	ח
י	צ	ב	ע	י	ם	י	מ	ו	י	ם	ם	כ	י	ס	צ
ק	ר	ע	י	ו	נ	ו	ת	נ	ד	ו	ב	ן	ם	ש	ת
א	ע	א	ג	ס	נ	ב	ו	ו	ס	פ	ת	צ	ן	ף	ן
פ	ח	ם	ב	ה	ט	ל	ש	ר	ב	ח	א	י	ף	כ	ל
ט	נ	ט	ר	מ	ס	ר	ר	פ	מ	ף	ת	ו	ף	ה	ר
נ	ע	ף	ע	ר	ב	ת	ב	ע	ן	ע	נ	ר	י	י	נ
ה	ן	נ	ס	ן	ס	ס	מ	א	ח	ח	ר	נ	ת	ד	ד
ד	ע	ע	כ	ט	ט	צ	ן	ד	ע	ד	פ	ף	ש	ל	ע
ג	ר	ן	ף	ר	ח	ב	ף	ח	ר	ל	ש	ם	ר	ן	ף
ף	ב	א	ד	נ	צ	ם	ף	ג	א	ח	מ	מ	מ	ר	ם
ב	ג	ר	ש	ר	פ	ד	ת	ת	ס	ת	ן	ל	ס	א	ח

אקריליק
צבעי מים
חרס
מברשות
מצלמה
כיסא
פחם
כן ציור
דבק
צבעים

עפרונות
יצירתיות
מים
דיו
מחק
שמן
רעיונות
נייר
פסטלים
טבלה

92 - Jazz

א	מ	ן	ם	ף	ס	צ	ש	ב	ס	נ	ה	ש	ש	ח	ס
ת	ל	ף	ח	ת	מ	ף	ע	צ	ף	ג	ח	ב	ג	ר	פ
ו	ח	ס	פ	ו	מ	מ	פ	ו	ר	ס	ם	ו	ב	ל	א
פ	י	ן	ז	א	ה	ד	ע	ה	ק	י	נ	כ	ט	ס	ד
י	ן	י	ף	ל	ט	ם	ב	ש	נ	ב	ש	כ	ש	ו	ט
ם	ק	ן	ו	ר	ש	י	כ	ר	ם	ט	ט	י	א	ל	ת
ה	ם	ב	צ	ו	ם	פ	ר	ז	א	נ	ר	ף	ע	ו	ת
ב	ע	נ	פ	ת	צ	ד	ה	ע	א	ף	א	ם	צ	ן	ז
צ	ו	ה	ע	ל	ם	ע	ר	צ	ש	נ	מ	ש	ר	ט	מ
ק	ש	ר	ד	א	צ	ו	ם	ד	מ	צ	ם	ט	ע	ם	ו
ל	ט	ת	כ	ש	פ	מ	ס	ל	ב	ן	ש	י	ם	ם	ר
פ	ג	ס	ף	ש	נ	ט	ג	ה	ד	ת	ח	ל	ר	ב	ת
ר	ד	ס	ן	א	כ	מ	נ	ת	ד	מ	ד	ל	ן	ס	ן
ס	ל	ח	ח	ש	ה	ל	ו	ש	ח	ס	ש	מ	ן	ט	א
א	ס	ש	ח	נ	כ	ג	ן	מ	ת	ם	ה	ן	ה	ף	ד
א	ל	כ	ח	ה	ם	ף	ט	ס	כ	ג	פ	פ	ג	ר	ב

אלבום
אמן
מפורסם
שיר
מלחין
הרכב
קונצרט
מועדפים
ז'אנר
אלתור

מוזיקה
חדש
תזמורת
קצב
סולו
סגנון
כישרון
תופים
טכניקה
ישן

93 - Paysages

ל	א	ל	ל	ף	ב	ב	ל	ב	ן	ב	ט	ת	ה	ת	כ
ל	ח	ד	א	ו	ק	י	י	נ	ו	ס	ר	ע	ף	צ	ט
ך	פ	ש	מ	ח	פ	א	ס	ש	כ	ש	מ	מ	ב	ן	ד
ג	ע	מ	ק	ט	ס	כ	א	ג	ש	ס	כ	ח	ס	ד	ב
ח	צ	ה	ש	ש	פ	ש	מ	ע	ר	ה	ר	ד	נ	ו	ט
מ	ן	ר	נ	ע	נ	ר	ס	א	כ	ז	ן	ה	ע	ב	ג
כ	פ	ע	ח	ק	ח	צ	י	ה	א	י	י	ר	ע	ה	ח
ל	ע	פ	כ	ל	ר	ר	ז	ל	ג	כ	ף	י	ם	י	ף
ם	מ	ח	ח	ס	ל	ח	א	ג	ש	ה	ש	ע	ג	ר	ה
ח	א	מ	ף	ת	ר	ן	ו	ת	נ	ס	א	נ	א	ד	ה
ן	א	כ	פ	ע	ל	ה	א	ן	ה	מ	ב	ש	ג	ה	ן
ג	ל	ס	ל	ב	ג	כ	ף	פ	ר	ם	ס	פ	ר	ן	ש
ף	א	פ	ם	ה	ג	א	ת	ל	ס	ע	מ	ת	ת	ם	צ
ב	ש	ה	ע	ש	מ	ד	ב	ר	נ	ט	ד	ב	ע	ה	ן
ט	ח	ף	ן	ר	ט	נ	כ	ש	ש	פ	ב	י	צ	ה	א
צ	ף	ן	מ	ס	ל	ג	ט	ג	צ	ב	א	ב	ח	ף	ם

ביצה
ים
הר
אואזיס
אוקיינוס
חצי האי
חוף
טונדרה
עמק
הר געש

מפל
גבעה
מדבר
שפך
נהר
גייזר
מערה
קרחון
אי
אגם

94 - Pays #1

ל	ה	ע	ה	ר	כ	ע	ג	ן	מ	ש	ח	ס	ה	צ	א
ל	פ	מ	א	ג	ר	ה	א	ס	ב	פ	ן	ב	כ	ה	ק
ל	י	ב	ח	ע	ר	ט	ר	ש	ו	פ	ם	כ	מ	פ	ו
ד	ל	צ	נ	ב	ר	ז	י	א	ל	י	א	ל	ן	ד	ו
מ	י	פ	ד	נ	ר	א	י	פ	ב	נ	ן	ר	ו	ר	ד
ע	פ	ם	ע	ר	מ	ן	ג	ש	ע	ל	ה	ה	ן	פ	ו
ח	י	פ	ס	ר	ן	נ	נ	פ	ן	נ	צ	י	ד	ס	ר
נ	נ	ס	ד	מ	י	א	ע	ן	כ	ד	ת	נ	ף	ן	מ
ע	י	ף	ף	ס	ע	ת	ו	ק	ו	ר	מ	מ	ה	ד	ת
ל	ם	ת	ט	כ	ג	ט	פ	ם	ר	ה	ח	ר	נ	ן	ם
מ	ן	ן	כ	צ	ס	מ	נ	ו	ר	ו	ו	ג	י	ה	א
י	ל	א	מ	ה	א	ו	ג	ר	ק	י	נ	צ	ט	ד	ד
ס	א	ת	ח	מ	נ	ת	ב	ו	ל	ת	צ	ב	נ	נ	ל
ג	ר	ו	מ	נ	י	ה	ד	ס	ג	ט	ר	ט	ג	ק	מ
ח	ש	ן	נ	פ	ע	ה	א	ע	ף	ן	ב	כ	ר	א	ש
נ	י	צ	צ	ש	מ	ה	ן	ג	ו	נ	צ	ו	א	ל	ה

אפגניסטן
גרמניה
ארגנטינה
ברזיל
קנדה
ספרד
אקוודור
פינלנד
הודו
ישראל

לוב
מאלי
מרוקו
ניקרגואה
נורווגיה
פנמה
הפיליפינים
פולין
רומניה
ונצואלה

95 - Nombres

צ	ב	צ	ש	ל	ו	ש	ם	א	ש	ס	ב	א	ן	ט	ר
א	ד	ם	ף	ן	ב	מ	ב	ע	ב	ש	ר	ם	ת	ל	א
ר	פ	א	ע	ע	ם	ח	ש	ב	ר	ב	ש	צ	א	מ	ח
ב	ד	א	ע	ת	ט	נ	א	ד	ע	ן	ע	ב	ט	ף	ב
ע	ט	ש	ש	ע	ש	ת	נ	ה	כ	ג	ם	ח	ן	ט	ה
ן	ר	ף	ל	ף	ד	ס	ע	ג	ת	ט	י	ת	ם	ד	ש
ה	ן	נ	ו	ה	ב	ש	מ	ג	א	ב	נ	ס	ר	מ	ש
ר	פ	ח	ש	ת	ר	ה	ר	ש	ע	ע	ש	ת	ו	ר	ס
ש	ג	נ	ע	ם	י	ר	ש	ע	ש	ר	ו	נ	י	ח	ע
ע	ח	ה	ש	י	ט	פ	ע	צ	ש	נ	ה	א	ם	ט	ת
ש	ל	ג	ר	י	נ	צ	ש	ד	מ	ע	צ	ה	צ	נ	ב
ש	צ	צ	ה	ת	ד	ח	מ	י	ש	ה	ע	ש	ר	ס	ש
צ	ס	פ	א	ש	ש	ם	ו	ר	ם	ס	ט	נ	כ	ש	ט
כ	א	ר	ף	פ	א	ר	נ	ן	ד	א	ג	ח	ם	א	ם
פ	צ	ל	נ	ה	פ	ה	ה	ש	ל	ס	ש	ת	ף	ר	מ
צ	ט	ה	ת	ת	פ	ח	פ	ח	ת	ע	ד	פ	צ	ל	ש

ארבעה עשר
ארבע
חמישה עשר
שש עשרה
שבע
שש
שלוש עשרה
שלוש
עשרים
אפס

חמש
שתיים
עשרוני
עשר
שמונה עשר
תשע עשרה
שבע עשרה
שנים עשר
שמונה
תשע

96 - Psychologie

ע	מ	ת	ל	ם	ע	נ	מ	ר	ל	ת	ת	ס	פ	ש	י
ג	ב	ן	פ	ת	ם	פ	ם	ל	ע	ד	ו	מ	א	ל	ל
ע	ע	ת	פ	ן	ם	א	ס	ש	ע	י	מ	ם	ב	ו	ד
ל	ן	ד	פ	פ	ת	נ	נ	ט	ל	נ	ו	ל	ע	פ	ו
ה	כ	ה	נ	ס	א	ס	ף	ד	ף	י	ל	נ	ת	י	ת
ל	ל	ב	ם	ר	ש	ן	נ	ד	צ	ל	ח	ר	ו	ט	ו
מ	ח	ת	מ	ת	פ	ת	כ	ט	א	ק	ה	ג	ג	ת	ש
ף	ח	ב	ע	ח	נ	נ	ת	ף	י	ל	ת	ן	ה	ו	ג
ה	ת	ש	ש	א	ע	ר	צ	ם	ש	כ	ד	ד	נ	א	נ
ג	ן	ן	ב	ת	ו	ש	ג	ר	י	ג	מ	א	ת	י	ת
ת	ע	ס	ג	ו	ר	ת	ל	ח	ו	ח	ת	ג	ה	צ	ה
ת	פ	ס	פ	ע	ת	ע	ג	ש	ת	ו	ב	ו	ג	מ	ה
ח	ש	י	נ	פ	פ	ש	ן	ב	צ	ו	ע	ם	ל	ב	ט
ה	ח	ג	ס	ש	ב	ב	ע	ל	ע	י	י	צ	צ	ד	ג
ב	ה	נ	מ	ה	ש	ו	ח	ת	ג	ו	ה	כ	ר	ע	ה
ק	ו	ג	נ	י	צ	י	ה	ן	ר	ת	ב	נ	ת	ח	ל

לא מודע
השפעות
מחשבות
תפיסה
אישיות
בעיה
מציאות
חלומות
תחושה
טיפול

קליני
קוגניציה
התנהגות
התנגשות
אגו
ילדות
חוויות
רגשות
הערכה
רעיונות

97 - Nature

צ	א	ס	ף	ר	ב	צ	ש	ע	ח	ה	ת	מ	ח	ג	פ
ב	ה	ג	ע	א	ן	ג	ח	כ	ב	ף	ס	מ	ן	ל	ב
ף	ג	נ	ש	ח	ר	ע	י	נ	ב	א	ת	צ	ג	ר	ם
ש	ת	ר	פ	נ	ח	פ	ן	ה	מ	ח	ד	ת	פ	מ	צ
ע	מ	ע	ח	ח	ד	ח	ח	ר	ף	ה	ג	ף	מ	ם	ס
ע	פ	ס	ם	ל	א	ס	ד	נ	ה	ם	ב	ם	ח	י	ח
פ	נ	ה	ף	ע	ס	פ	ד	ב	ו	ר	י	ם	א	נ	נ
ל	פ	ב	ש	ה	ד	ו	צ	ש	פ	ר	א	י	פ	ו	י
כ	א	ר	ח	ם	י	נ	נ	ע	ב	פ	ף	ר	ד	י	מ
ל	ש	ן	ת	ל	ט	ד	ג	ד	ל	ש	ת	ה	ל	ח	נ
נ	ל	ל	ש	ת	ק	מ	מ	ש	ת	ג	ד	ח	פ	ק	י
פ	ו	ט	א	ף	ר	ב	צ	ס	ש	צ	ר	ם	ר	ה	ד
ם	ו	ר	ד	פ	א	ב	א	ט	ח	ף	ת	ח	ע	ס	ת
ן	ה	ו	ס	ס	ע	ָ	.	ל	י	ם	ו	ם	ע	צ	א
ח	נ	פ	ט	צ	ה	ב	ה	ק	ק	ן	י	ן	ג	ס	ס
ל	ח	י	מ	ד	ל	ל	ר	מ	ה	מ	ח	ן	ג	ם	ע

יער
קרחון
הרים
עננים
שליו
מקלט
פראי
שלווה
טרופי
חיוני

דבורים
חיות
ארקטי
יופי
ערפל
מדבר
דינמי
שחיקה
עָלים
נהר

98 - Chimie

ת	ט	י	ד	נ	ד	ן	ן	צ	מ	ב	פ	צ	ע	ה	נ
ע	ס	נ	ט	ם	ש	מ	ח	א	מ	צ	ח	א	פ	פ	ג
ן	מ	י	מ	נ	ו	ז	ל	ת	צ	ט	מ	ז	ר	ז	ד
צ	ה	ע	נ	א	ט	ו	מ	י	א	מ	ן	פ	ה	ת	ש
מ	צ	ר	א	מ	ת	כ	ו	ת	ח	צ	ל	ס	ט	כ	נ
ח	מ	ג	ל	ן	ע	ט	ח	א	ע	צ	צ	ח	ן	ג	ת
ם	ו	ם	ק	מ	ד	ט	ן	צ	ד	ן	ה	ם	ה	ת	ז
נ	ח	ם	ט	ש	צ	מ	ב	י	מ	ם	א	נ	ז	י	ם
ם	מ	ע	ר	ק	ן	פ	ר	ו	ס	ף	ה	ף	ע	ר	מ
ה	צ	ר	ו	ל	כ	ר	ע	ן	י	י	ל	ק	ל	א	ף
ב	צ	ע	ן	ט	ר	ט	צ	א	ן	ע	ו	ל	א	ע	ל
ל	כ	נ	ס	ה	ט	ו	ר	ח	ט	ף	ק	צ	ט	ן	ש
ח	א	ר	ג	ד	ש	ר	א	מ	ה	ט	ל	ל	ס	ס	נ
א	ף	ש	ס	ט	צ	ה	ס	ש	ל	ר	ו	פ	ע	ם	ג
ת	ס	נ	פ	ש	מ	ט	נ	ן	צ	ס	מ	א	ם	ב	ע
א	ן	ד	ב	ל	מ	ט	ה	ב	ף	ס	ן	פ	ר	פ	ג

מימן
יון
נוזל
מתכות
מולקולה
גרעיני
חמצן
משקל
מלח
טמפרטורה

חומצה
אלקליין
אטומי
פחמן
זרז
חום
כלור
אנזים
אלקטרון
גז

99 - Bateaux

ח	ש	ף	ף	א	ע	א	ח	ף	צ	ף	מ	ט	נ	א	א
ב	ס	ט	כ	פ	ף	ן	ף	מ	ו	א	נ	ם	ט	ג	ו
ל	נ	מ	ף	ס	א	ע	צ	ה	ו	נ	ו	ם	מ	ם	ק
ש	ק	מ	ע	מ	ע	ב	ו	ר	ת	צ	ע	ל	ג	י	י
צ	א	ם	ד	מ	ס	ת	ן	י	ף	כ	ח	ל	ט	ל	י
ם	נ	ע	ר	צ	א	ט	ה	א	ע	פ	כ	ם	ג	ג	נ
א	ו	ר	ע	ו	ג	ן	ט	כ	ף	ש	ח	ה	צ	ד	ו
ן	ן	צ	ם	ף	פ	כ	ד	ט	צ	ב	ר	ף	ר	צ	ס
ל	ג	מ	ס	ת	ם	ר	כ	ה	צ	ת	ף	ר	ן	ן	ף
ג	ס	מ	ע	ל	ק	ם	ם	ף	ף	מ	ת	ע	מ	ת	ר
כ	ף	כ	ח	פ	י	מ	מ	ס	ח	צ	צ	ב	נ	ם	א
ט	פ	כ	ד	ן	א	פ	כ	צ	ת	ה	ד	ן	א	צ	ח
ן	א	א	ה	ף	ק	ר	ס	פ	ס	מ	ף	ב	ס	נ	ע
ר	פ	ס	ו	ד	ה	ש	ר	י	א	נ	ם	א	ת	ב	כ
ו	צ	ג	ר	נ	ד	י	ת	מ	ש	ל	א	ם	ר	ח	צ
ת	ף	ש	ג	א	ו	ת	ח	י	ן	ד	ם	ת	ף	ט	ס

עוגן
מצוף
קאנו
חבל
צוות
מעבורת
נהר
קיאק
אגם
גאות

מלח
תורן
ים
מנוע
ימי
אוקיינוס
רפסודה
גלים
מפרשית
יאכטה

100 - Mesures

ר	ט	פ	צ	ד	ת	ט	ע	ן	ר	ף	א	ה	ד	ש	ר
ם	ד	ח	ף	ח	י	ו	ם	ו	ט	מ	ו	ף	ל	מ	ו
ת	ם	ם	ר	פ	ב	מ	א	ט	מ	ג	ר	ט	י	ל	ח
ע	ש	ר	ו	נ	י	ט	ן	ר	ם	ק	ך	ע	מ	ט	ב
ר	ס	ט	ט	נ	ר	ר	ל	ה	פ	ד	ד	ד	ה	ג	ף
ג	ת	מ	ד	ג	א	ט	ה	ק	ר	פ	ה	מ	ל	ר	א
נ	פ	ו	ח	ס	מ	ן	מ	י	ט	ט	ה	ח	ד	ר	מ
ה	ש	ל	ח	ט	ה	ם	ע	ל	ל	ת	ר	ח	א	ר	פ
ס	ר	י	פ	נ	ט	ף	ן	ו	ד	ס	ח	מ	מ	ד	ד
ט	ב	ק	ה	ת	ג	ם	ס	ג	ס	ה	ת	ש	ף	ה	ק
מ	ס	ה	ן	א	ן	ו	ח	ר	נ	ה	ל	ק	צ	ג	ה
א	ו	נ	ק	י	י	ת	ב	ם	ט	נ	ן	ל	ה	מ	ב
ה	ג	ה	ה	א	י	נ	ץ	ה	י	ט	ה	ב	ס	ן	פ
ד	ר	צ	ס	ד	ן	פ	ח	ן	מ	פ	ת	ע	א	ש	ש
ד	ם	ל	ד	ח	ם	ד	ר	א	ט	ת	ש	ד	ף	ן	ג
ל	פ	ם	ע	ם	ן	ס	ס	ן	ר	צ	ר	ט	ח	ד	ן

מסה
מטר
דקה
בית
אונקיית
משקל
אינץ
עומק
טון
נפח

סנטימטר
תואר
עשרוני
גרם
גובה
קילוגרם
קילומטר
רוחב
ליטר
אורך

1 - Adjectifs #2

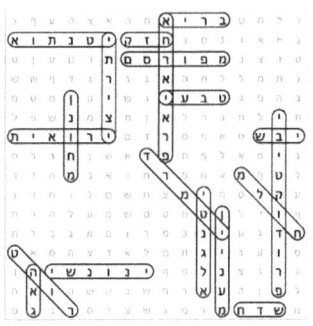

2 - Force et Gravité

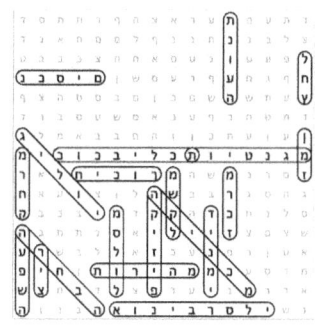

3 - Adjectifs #1

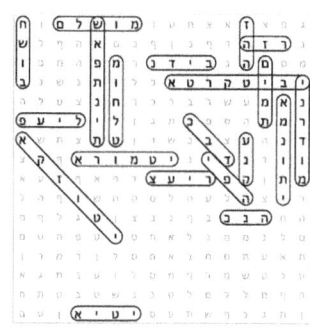

4 - Instruments de Musique

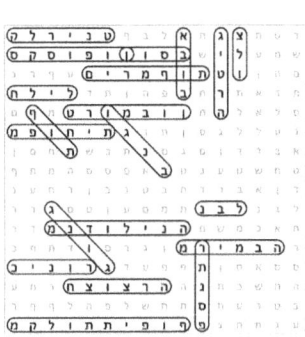

5 - Échecs

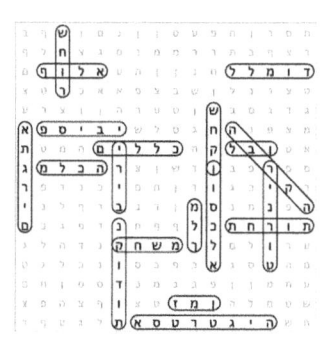

6 - Herboristerie

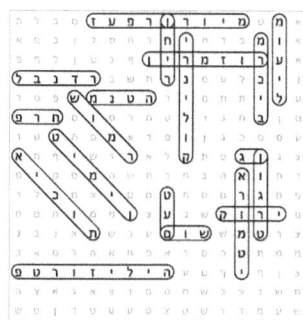

7 - Véhicules

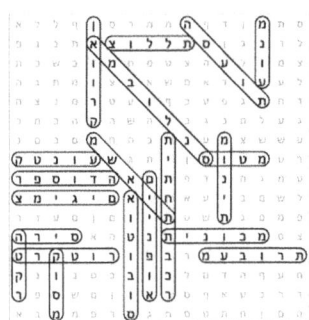

8 - Camping

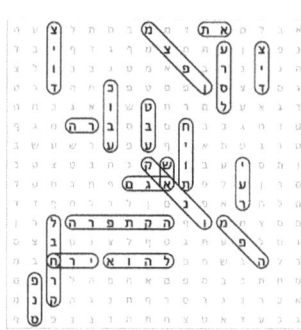

9 - Géométrie

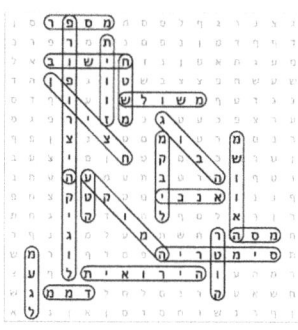

10 - Les Médias

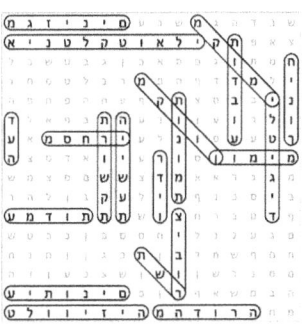

11 - Philanthropie

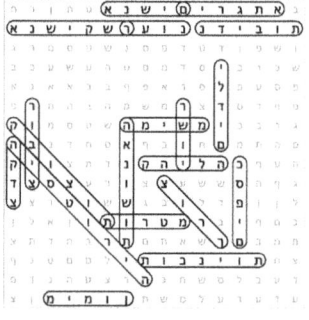

12 - Diplomatie

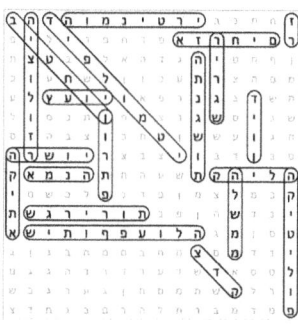

13 - Électricité

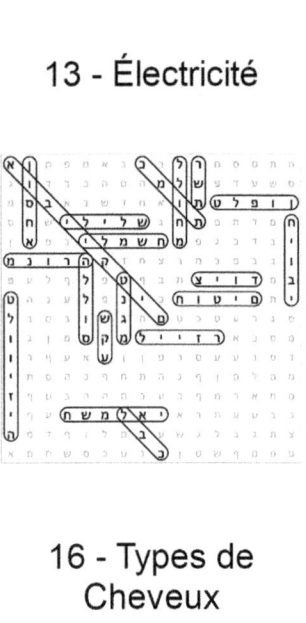

14 - Astronomie

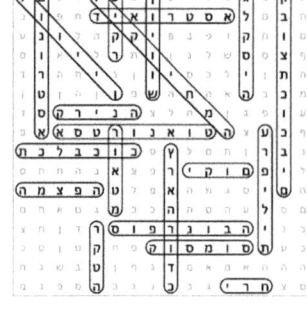

15 - Physique

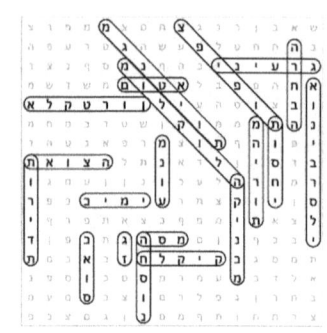

16 - Types de Cheveux

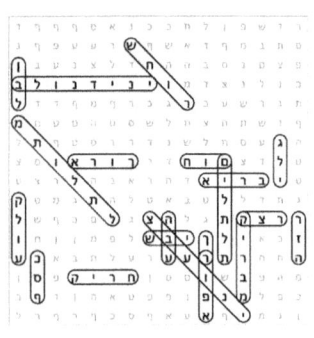

17 - Archéologie

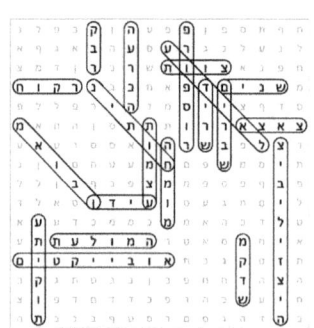

18 - Mammifères

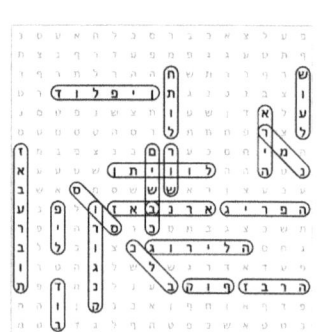

19 - Chocolat

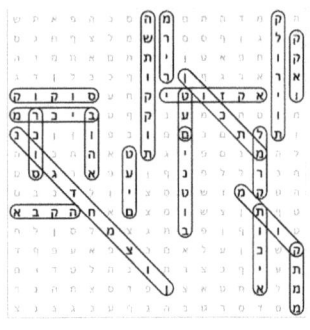

20 - Mathématiques

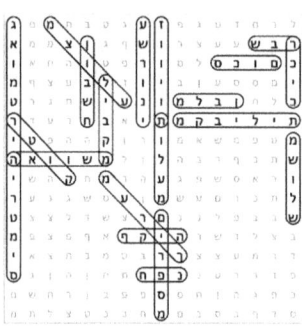

21 - Sport

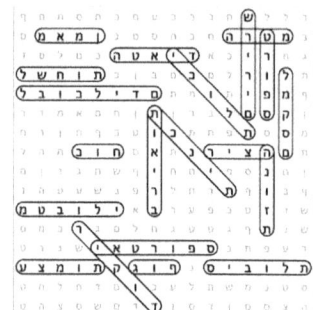

22 - Mythologie

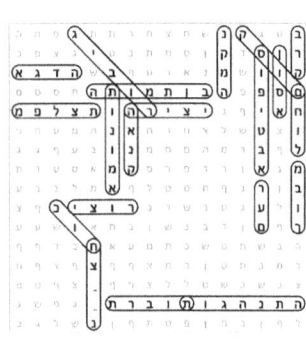

23 - Restaurant #2

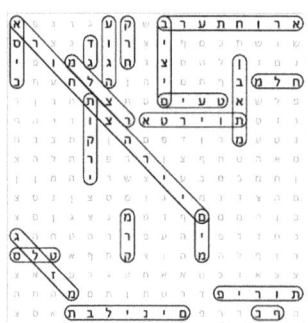

24 - Beauté

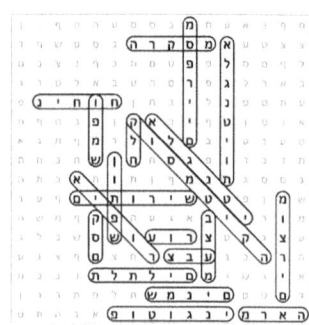

25 - Avions

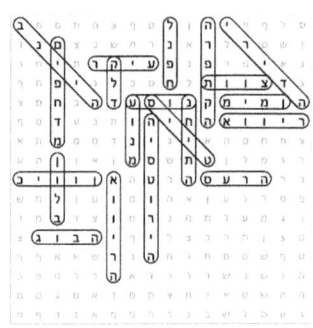

26 - Aventure

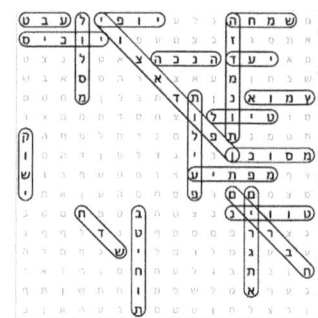

27 - Ville

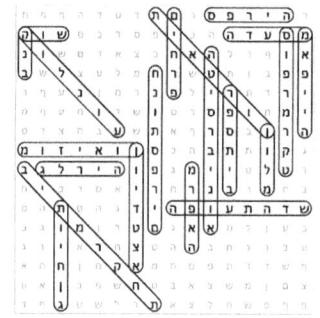

28 - Ingénierie

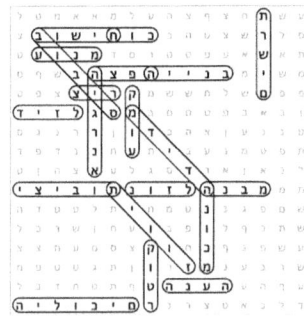

29 - Énergie

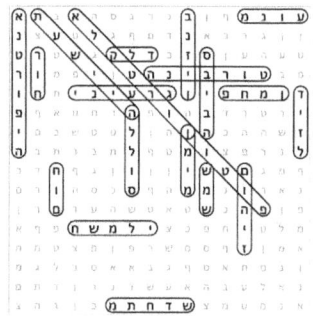

30 - Cuisine

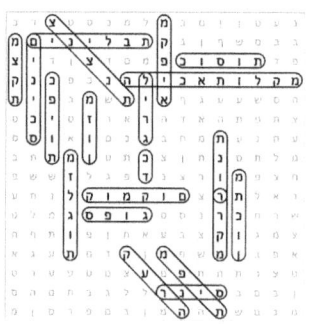

31 - Corps Humain

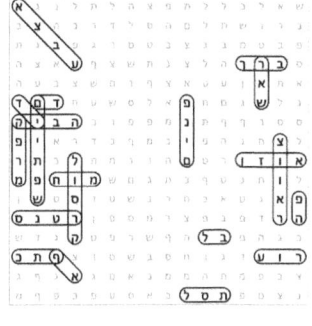

32 - Biologie

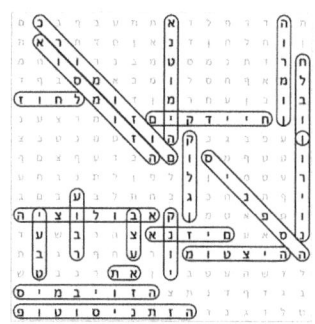

33 - Épices

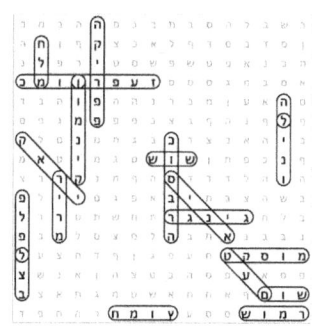

34 - Agronomie

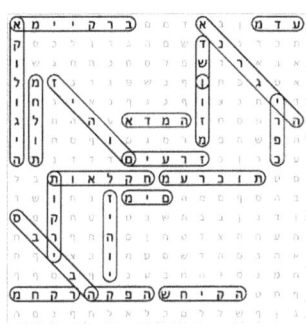

35 - Vêtements

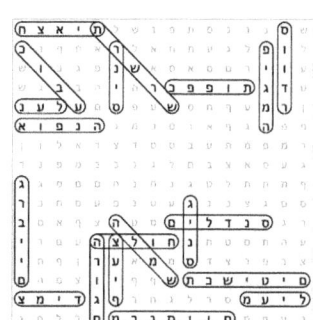

36 - Méditation

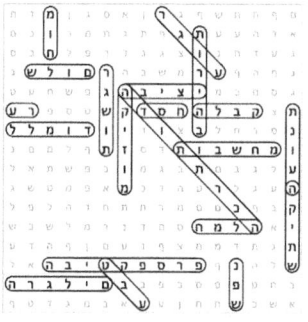

37 - Littérature

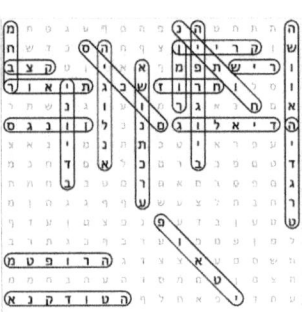

38 - Nourriture #1

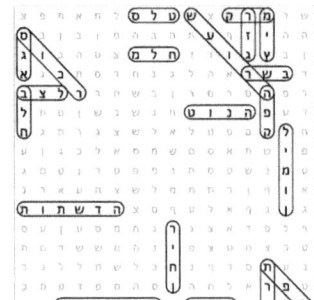

39 - Jours et Mois

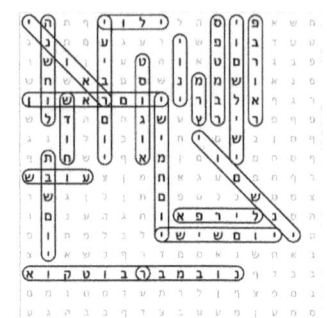

40 - Jardinage

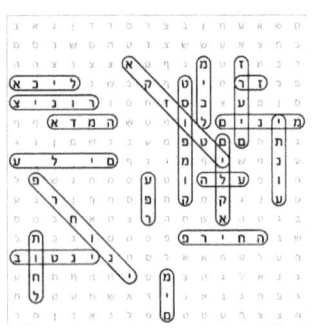

41 - Entreprise

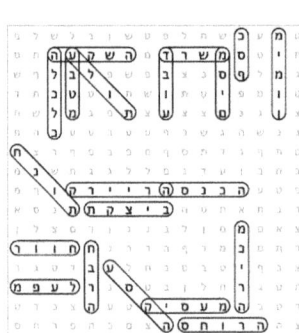

42 - Activités

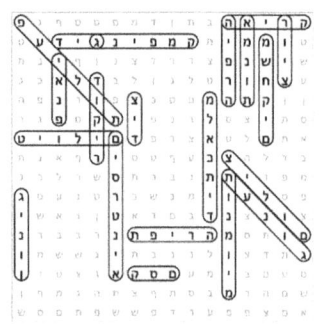

43 - Mode

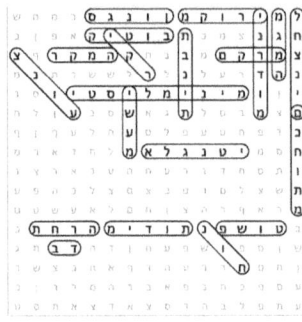

44 - Fleurs

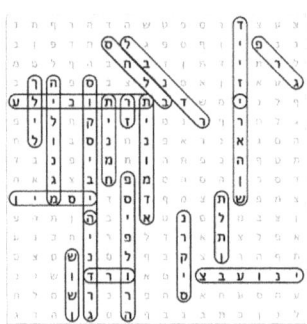

45 - Nourriture #2

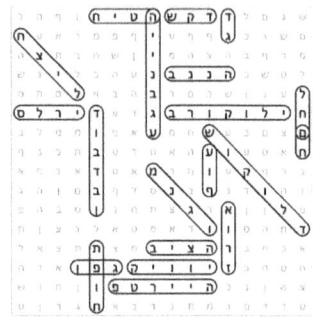

46 - Algèbre

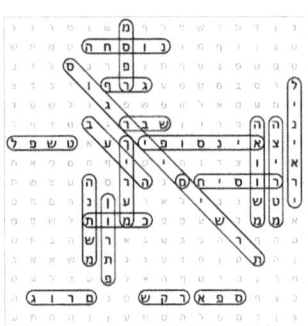

47 - Océan

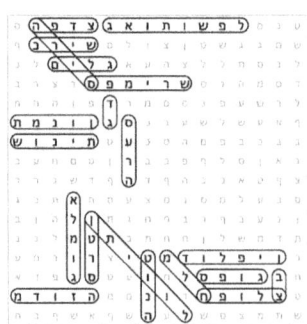

48 - Antiquités

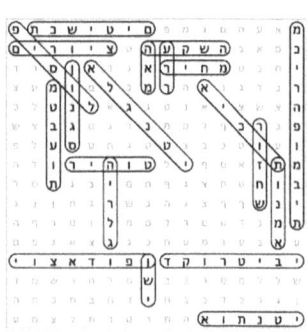

49 - Boxe

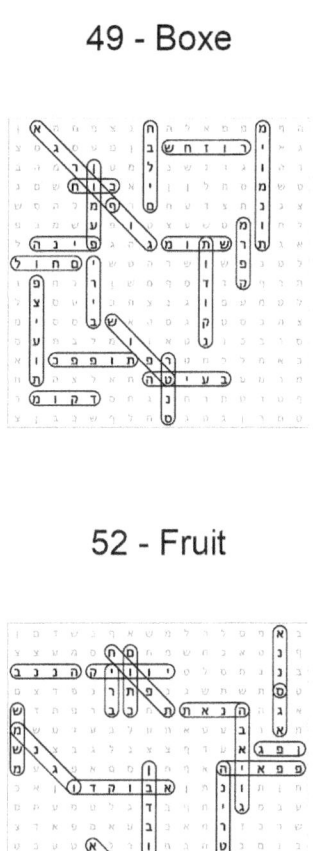

50 - Réchauffement Cli

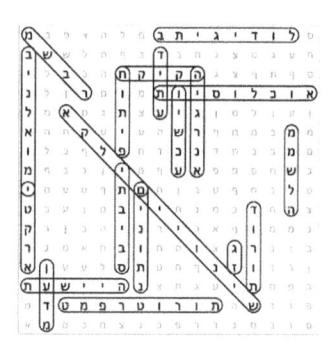

51 - Ballet

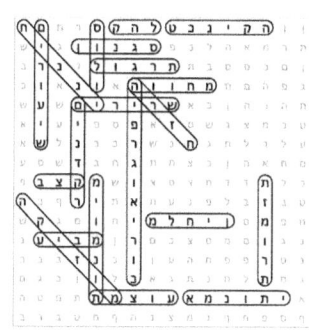

52 - Fruit

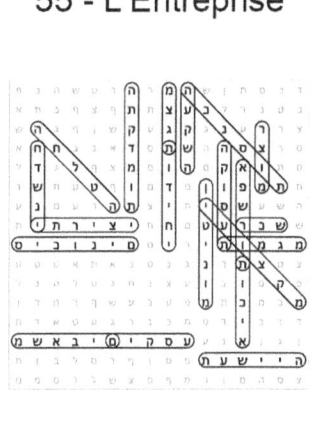

53 - Musique

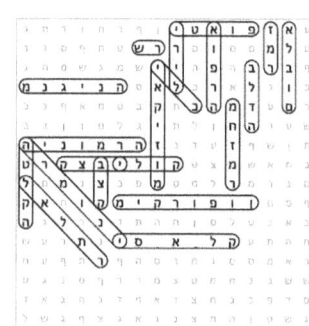

54 - Météo

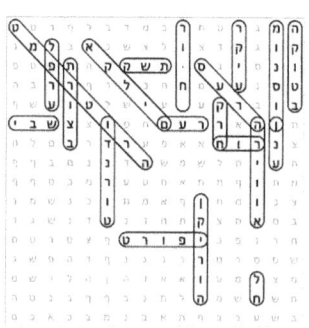

55 - L'Entreprise

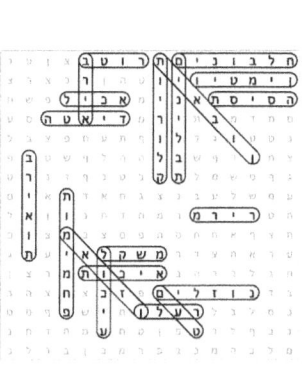

56 - Gouvernement

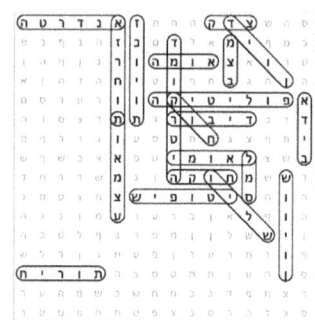

57 - Randonnée

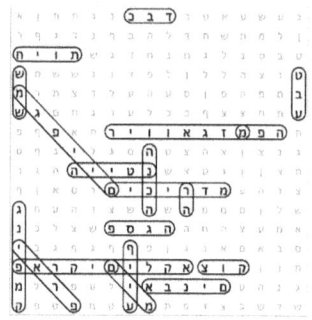

58 - Nutrition

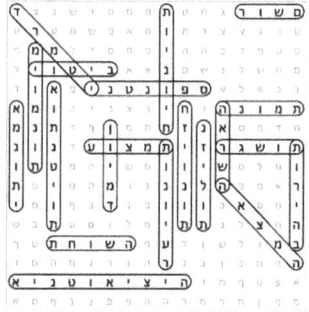

59 - Créativité

60 - Science Fiction

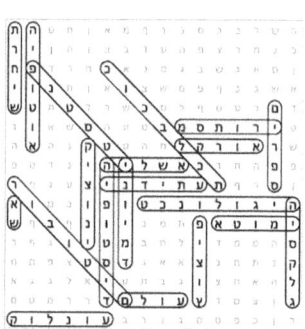

61 - Professions #1

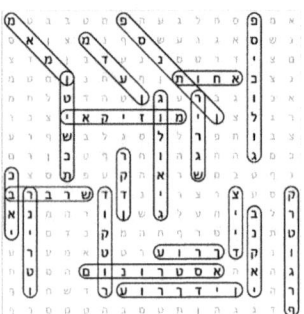

62 - Géologie

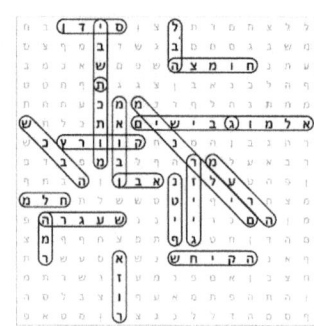

63 - Jardin

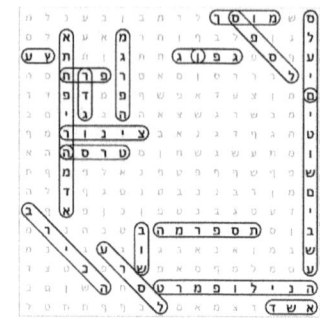

64 - Santé et Bien Être #1

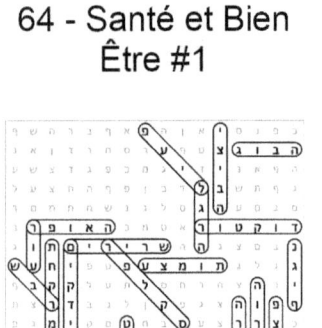

65 - Barbecues

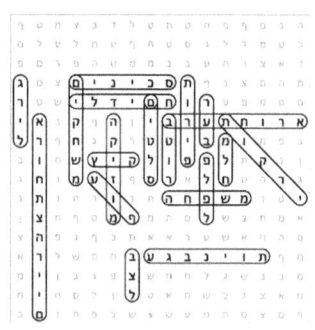

66 - Forêt Tropicale

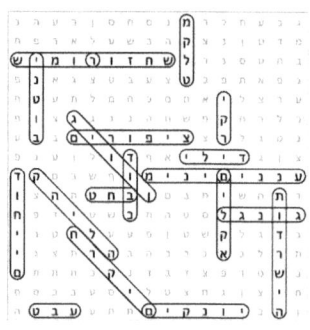

67 - Ferme #1

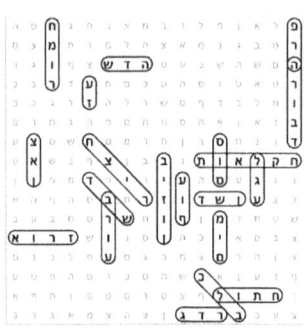

68 - Antarctique

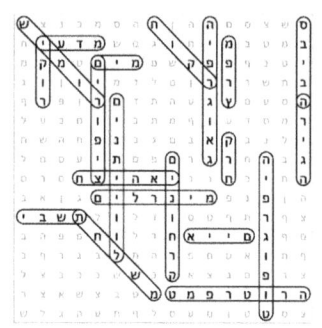

69 - Professions #2

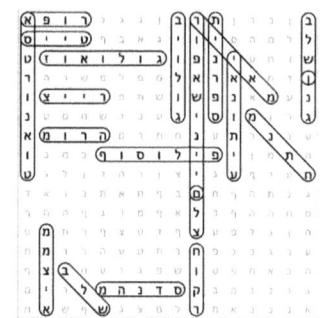

70 - Les Abeilles

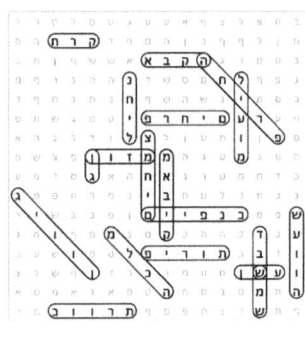

71 - Santé et Bien Être #2

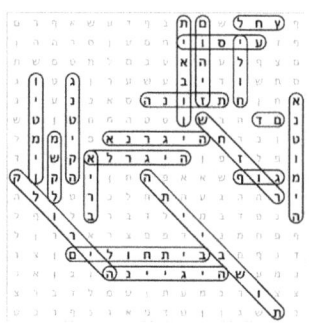

72 - Conduite

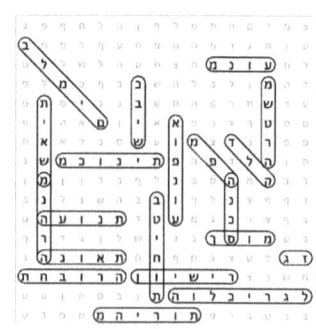

73 - Plantes

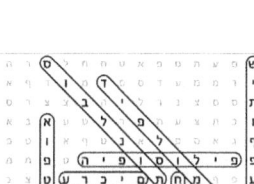

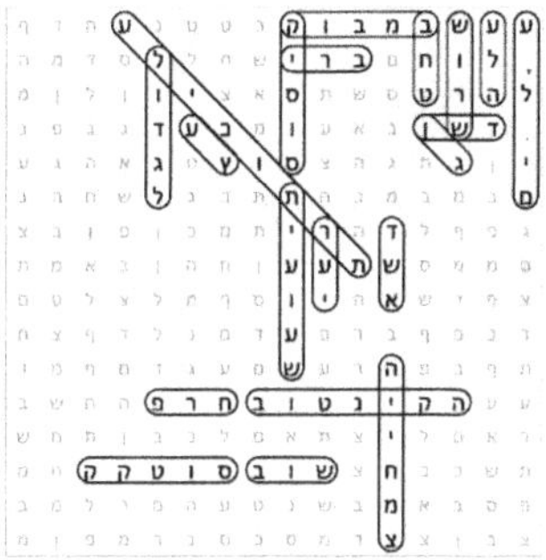

74 - Ferme #2

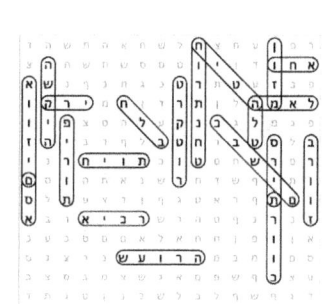

75 - Vacances #2

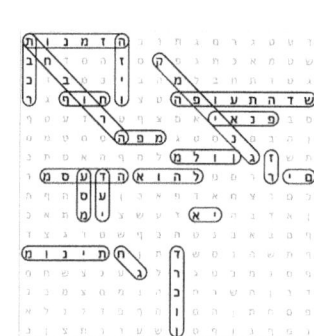

76 - Éthique

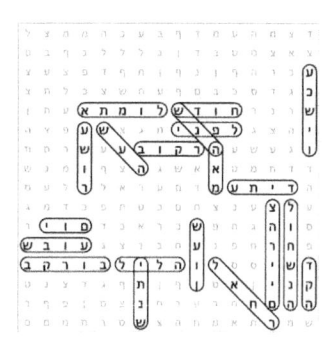

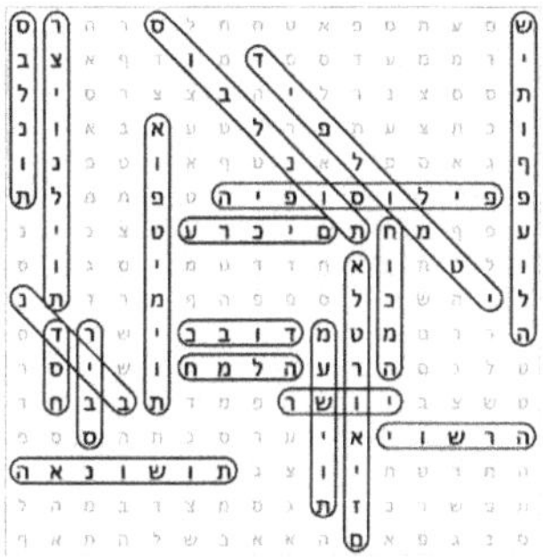

77 - Temps

78 - Maison

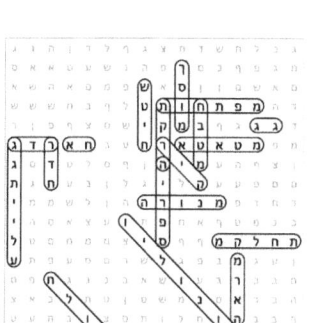

79 - Légumes

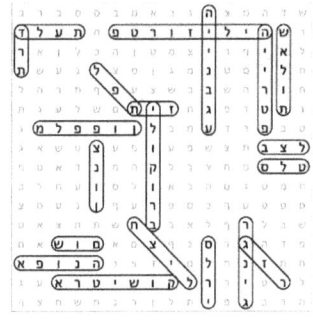

80 - Plage

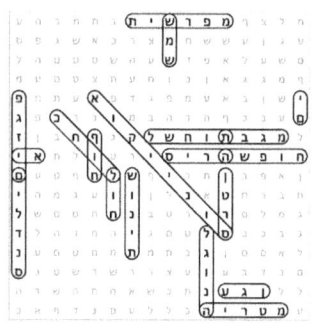

81 - Famille

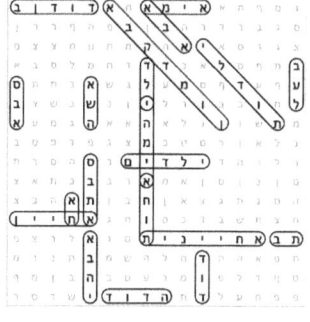

82 - Oiseaux

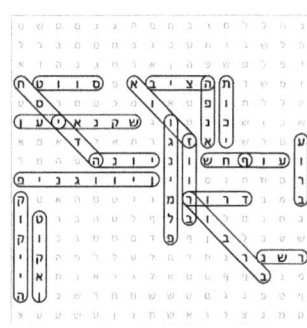

83 - Disciplines Scientifiques

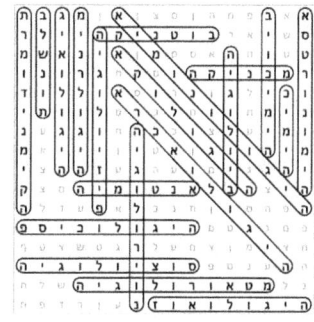

84 - Maladie

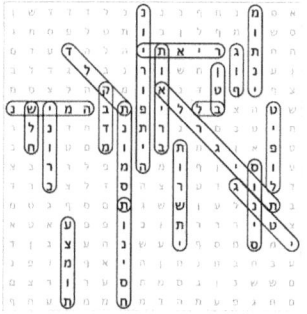

85 - Univers

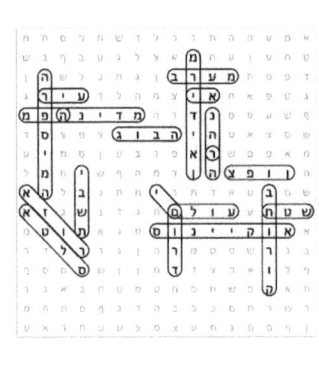

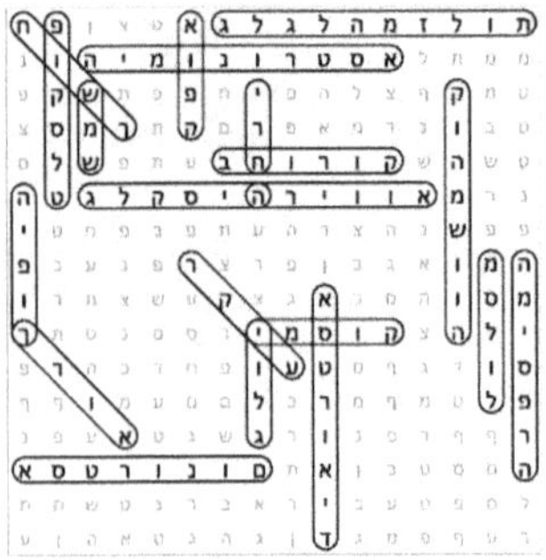

86 - Géographie

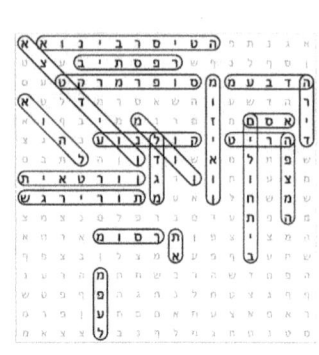

87 - Bâtiments

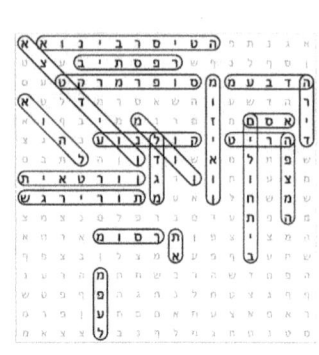

88 - Activités et Loisirs

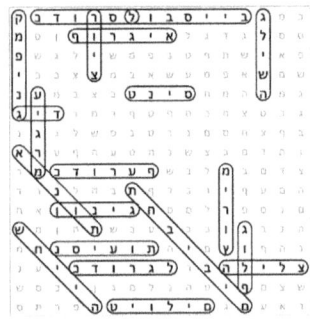

89 - Livres

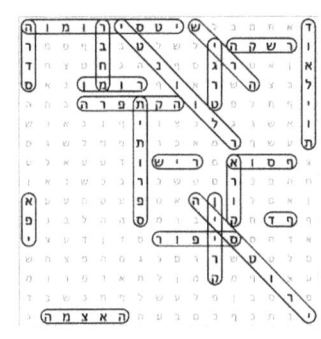

90 - Pays #2

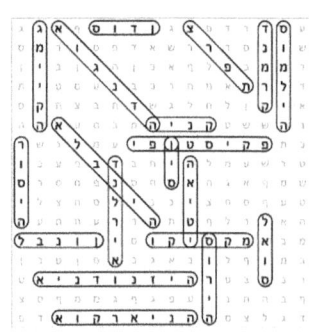

91 - Fournitures d'Art

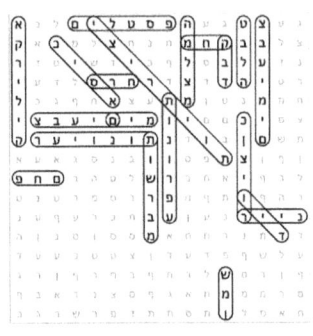

92 - Jazz

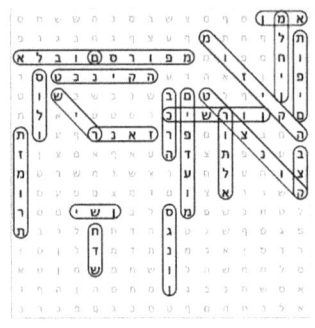

93 - Paysages

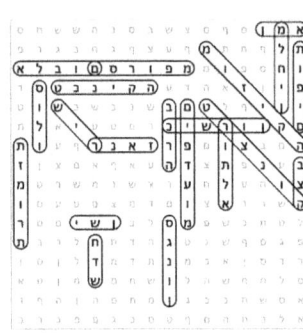

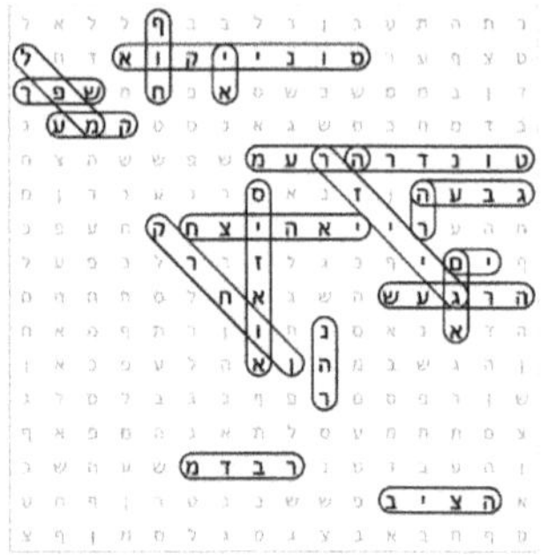

94 - Pays #1

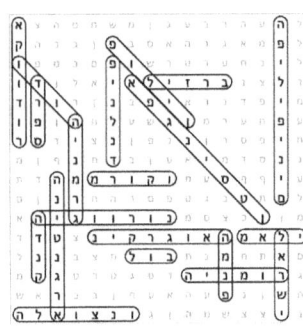

95 - Nombres

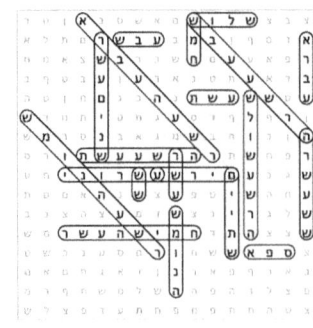

96 - Psychologie

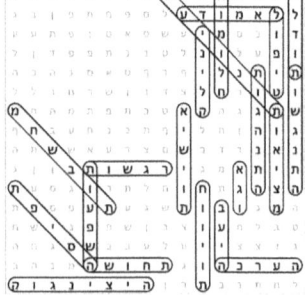

97 - Nature

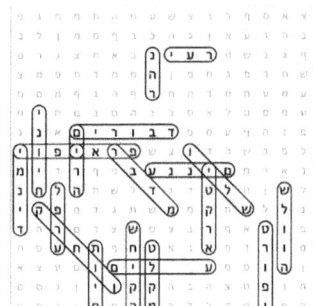

98 - Chimie

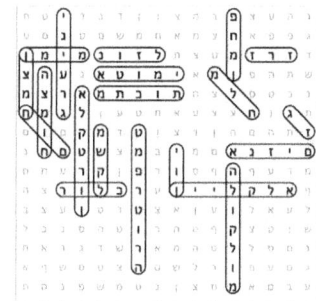

99 - Bateaux

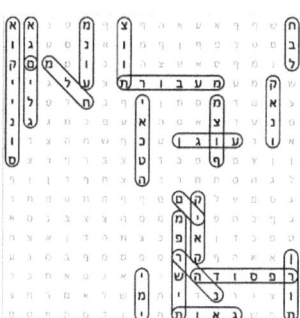

100 - Mesures

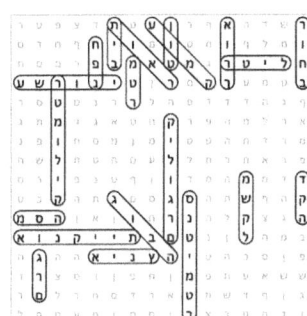

Dictionnaire

Activités
פעיליות

Activité	פעילות
Art	אמנות
Artisanat	מלאכת יד
Camping	קמפינג
Chasse	ציד
Compétence	מיומנות
Couture	תפירה
Danse	ריקוד
Intérêts	אינטרסים
Jardinage	גינון
Jeux	משחקים
Lecture	קריאה
Loisir	פנאי
Magie	קסם
Peinture	ציור
Pêche	דיג
Photographie	צילום
Plaisir	תענוג
Randonnée	טיולים
Relaxation	הרפיה

Activités et Loisirs
פעיליות ופנאי

Art	אמנות
Base-Ball	בייסבול
Basket-Ball	כדורסל
Boxe	איגרוף
Camping	קמפינג
Course	מירוץ
Football	כדורגל
Golf	גולף
Jardinage	גינון
Nager	שחייה
Passe-Temps	תחביבים
Peinture	ציור
Pêche	דיג
Plongée	צלילה
Randonnée	טיולים
Relaxant	מרגיע
Surf	גלישה
Tennis	טניס
Volley-Ball	כדורעף
Voyage	נסיעות

Adjectifs #1
שמות תואר #1

Absolu	מוחלט
Actif	פעיל
Ambitieux	שאפתנית
Aromatique	ארומטי
Artistique	אמנותי
Attractif	אטרקטיבי
Beau	יפה
Exotique	אקזוטי
Énorme	ענק
Généreux	נדיב
Honnête	כנה
Identique	זהה
Important	חשוב
Innocent	תמים
Jeune	צעיר
Lent	איטי
Lourd	כבד
Mince	רזה
Moderne	מודרני
Parfait	מושלם

Adjectifs #2
שמות תואר #2

Authentique	אותנטי
Célèbre	מפורסם
Créatif	יצירתי
Descriptif	תיאורי
Doué	מוכשר
Dramatique	דרמטי
Élégant	אלגנטי
Fier	גאה
Fort	חזק
Intéressant	מעניין
Naturel	טבעי
Nouveau	חדש
Productif	פרודוקטיבי
Pur	טהור
Responsable	אחראי
Sain	בריא
Salé	מלוח
Sauvage	פראי
Sec	יבש
Somnolent	ישנוני

Agronomie
אגרונומיה

Agriculture	חקלאות
Durable	בר קיימא
Eau	מים
Engrais	דשן
Environnement	סביבה
Écologie	אקולוגיה
Énergie	אנרגיה
Érosion	שחיקה
Étude	מחקר
Graines	זרעים
Identification	זיהוי
Légumes	ירקות
Maladies	מחלות
Nourriture	מזון
Pollution	זיהום
Production	הפקה
Rural	כפרי
Science	מדע
Sol	אדמה
Systèmes	מערכות

Algèbre
אלגברה

Diagramme	תרשים
Exposant	מעריך
Équation	משוואה
Facteur	גורם
Faux	שקר
Formule	נוסחה
Fraction	שבר
Graphique	גרף
Infini	אינסופי
Linéaire	ליניארי
Matrice	מטריצה
Nombre	מספר
Parenthèse	סוגריים
Problème	בעיה
Quantité	כמות
Simplifier	לפשט
Solution	פתרון
Soustraction	חיסור
Variable	משתנה
Zéro	אפס

Antarctique
הקיטקראטנא

Baie	מפרץ
Baleines	לווייתנים
Chercheur	חוקר
Conservation	שימור
Continent	יבשת
Eau	מים
Environnement	סביבה
Expédition	משלחת
Géographie	גאוגרפיה
Glace	קרח
Glaciers	קרחונים
Îles	איים
Migration	הגירה
Minéraux	מינרלים
Oiseaux	ציפורים
Péninsule	חצי אי
Rocheux	סלעי
Scientifique	מדעי
Température	טמפרטורה
Topographie	טופוגרפיה

Antiquités
עתיקות

Art	אמנות
Authentique	אותנטי
Bijoux	תכשיטים
Décoratif	דקורטיבי
Enchères	מכירה פומבית
Élégant	אלגנטי
Galerie	גלריה
Inhabituel	יוצא דופן
Investissement	השקעה
Meubles	רהיטים
Peintures	ציורים
Pièces	מטבעות
Prix	מחיר
Qualité	איכות
Restauration	שחזור
Sculpture	פיסול
Siècle	מאה
Style	סגנון
Valeur	ערך
Vieux	ישן

Archéologie
ארכיאולוגיה

Analyse	ניתוח
Années	שנים
Antiquité	עתיקות
Chercheur	חוקר
Civilisation	ציביליזציה
Descendant	צאצא
Expert	מומחה
Ère	עידן
Équipe	צוות
Évaluation	הערכה
Fossile	מאובן
Fragments	שברים
Inconnu	לא ידוע
Mystère	תעלומה
Objets	אובייקטים
Os	עצמות
Professeur	פרופסור
Relique	שריד
Temple	מקדש
Tombe	קבר

Astronomie
אסטרונומיה

Astéroïde	אסטרואיד
Astronaute	אסטרונאוט
Astronome	אסטרונום
Ciel	רקיע
Constellation	קבוצת כוכבים
Cosmos	קוסמוס
Éclipse	ליקוי חמה
Équinoxe	שוויון
Fusée	רקטה
Galaxie	גלקסיה
Lune	ירח
Météore	מטאור
Nébuleuse	ערפילית
Observatoire	מצפה
Planète	כוכב לכת
Radiation	קרינה
Satellite	לוויין
Supernova	סופרנובה
Terre	כדור הארץ
Univers	יקום

Aventure
הרפתקה

Activité	פעילות
Amis	חברים
Beauté	יופי
Bravoure	אומץ
Chance	סיכוי
Dangereux	מסוכן
Destination	יעד
Défis	אתגרים
Difficulté	קושי
Excursion	טיול
Inhabituel	יוצא דופן
Itinéraire	מסלול
Joie	שמחה
Nature	טבע
Navigation	ניווט
Nouveau	חדש
Opportunité	הזדמנות
Préparation	הכנה
Sécurité	ביטחון
Surprenant	מפתיע

Avions
מטוסים

Air	אוויר
Atmosphère	אווירה
Atterrissage	נחיתה
Aventure	הרפתקה
Ballon	בלון
Carburant	דלק
Ciel	רקיע
Construction	בניה
Descente	ירידה
Direction	כיוון
Équipage	צוות
Gonfler	לנפח
Hauteur	גובה
Hélices	מדחפים
Histoire	היסטוריה
Hydrogène	מימן
Moteur	מנוע
Passager	נוסע
Pilote	טייס
Turbulence	סער

Ballet
טלב

Artistique	יתונמא
Chorégraphie	היפרגואירוכ
Compétence	תונמוימ
Compositeur	ןיחלמ
Danseurs	םינדקר
Expressif	עיבמ
Geste	הוותמ
Gracieux	ןניח
Intensité	תמצוע
Leçons	םירועיש
Muscles	םירירש
Musique	הקיזומ
Orchestre	תרומזת
Pratique	לוגרת
Public	להק
Répétition	הרזח
Rythme	בצק
Solo	ולוס
Style	ןונגס
Technique	הקינכט

Barbecues
ויקיברב

Chaud	םח
Couteaux	םיניכס
Déjeuner	םיירהצ תחורא
Dîner	ברע תחורא
Enfants	םידלי
Été	ץיק
Faim	בער
Famille	החפשמ
Fruit	תוריפ
Gril	לירג
Jeux	םיקחשמ
Légumes	תוקרי
Musique	הקיזומ
Oignons	לצב
Poivre	לפלפ
Poulet	ףוע
Salades	םיטלס
Sauce	בטור
Sel	חלמ
Tomates	תוינבגע

Bateaux
תוריס

Ancre	ןגוע
Bouée	ףוצמ
Canoë	ונאק
Corde	לבח
Équipage	תווצ
Ferry	תרובעמ
Fleuve	רהנ
Kayak	קאיק
Lac	םגא
Marée	תואג
Marin	חלמ
Mât	ןרות
Mer	םי
Moteur	עונמ
Nautique	ימי
Océan	סונייקוא
Radeau	הדוספר
Vagues	םילג
Voilier	תישרפמ
Yacht	הטכאי

Bâtiments
םיניינב

Ambassade	תורירגש
Appartement	הריד
Cabine	את
Château	הריט
Cinéma	עונלוק
École	רפס תיב
Garage	ךסומ
Grange	םסא
Hôpital	םילוח תיב
Hôtel	ןולמ
Laboratoire	הדבעמ
Musée	ןואיזומ
Observatoire	הפצמה
Stade	ןוידטצא
Supermarché	טקרמרפוס
Tente	להוא
Théâtre	ןורטאית
Tour	לדגמ
Université	הטיסרבינוא
Usine	לעפמ

Beauté
יפוי

Boucles	םילתלת
Charme	םסק
Ciseaux	םייירפסמ
Cosmétique	הקיטמסוק
Couleur	עבצ
Élégance	תויטנגלא
Élégant	יטנגלא
Huiles	םינמש
Lisse	קלח
Maquillage	רופיא
Mascara	הרקסמ
Miroir	הארמ
Parfum	חוחינ
Peau	רוע
Photogénique	ינגוטופ
Produits	םירצומ
Rouge à Lèvres	ןותפש
Services	םיתוריש
Shampooing	ופמש
Styliste	בצעמ

Biologie
היגולויב

Anatomie	הימוטנא
Bactéries	םיקדייח
Cellule	את
Chromosome	םוזומורכ
Collagène	ןגלוק
Embryon	רבוע
Enzyme	םיזנא
Évolution	היצולובא
Hormone	ןומרוה
Mammifère	קוני
Mutation	היצטומ
Naturel	יעבט
Nerf	בצע
Neurone	ןוריונ
Osmose	הזומסוא
Photosynthèse	הזתניסוטופ
Protéine	ןובלח
Reptile	לחוז
Symbiose	הזויבמיס
Synapse	הספניס

Boxe
אגרוף

Adversaire	יריב
Arbitre	שופט
Blessures	פציעות
Cloche	פעמון
Coin	פינה
Combattant	לוחם
Compétence	מיומנות
Concentrer	מוקד
Cordes	חבלים
Corps	גוף
Coude	מרפק
Coup	בעיטה
Épuisé	מותש
Force	כוח
Gants	כפפות
Menton	סנטר
Poing	אגרוף
Points	נקודות
Récupération	שחזור

Camping
מחנאות

Animaux	חיות
Aventure	הרפתקה
Boussole	מצפן
Cabine	תא
Canoë	קאנו
Carte	מפה
Chapeau	כובע
Chasse	ציד
Corde	חבל
Équipement	ציוד
Feu	אש
Forêt	יער
Hamac	ערסל
Insecte	חרק
Lac	אגם
Lanterne	פנס
Lune	ירח
Montagne	הר
Nature	טבע
Tente	אוהל

Chimie
כימיה

Acide	חומצה
Alcalin	אלקליין
Atomique	אטומי
Carbone	פחמן
Catalyseur	זרז
Chaleur	חום
Chlore	כלור
Enzyme	אנזים
Électron	אלקטרון
Gaz	גז
Hydrogène	מימן
Ion	יון
Liquide	נוזל
Métaux	מתכות
Molécule	מולקולה
Nucléaire	גרעיני
Oxygène	חמצן
Poids	משקל
Sel	מלח
Température	טמפרטורה

Chocolat
שוקולד

Amer	מריר
Antioxydant	נוגד חמצון
Bonbon	ממתק
Cacahuètes	בוטנים
Cacao	קקאו
Calories	קלוריות
Caramel	קרמל
Délicieux	טעים
Doux	מתוק
Envie	השתוקקות
Exotique	אקזוטי
Favori	אהוב
Goût	טעם
Ingrédient	מרכיב
Noix de Coco	קוקוס
Poudre	אבקה
Qualité	איכות
Recette	מתכון
Sucre	סוכר

Conduite
נהיגה

Accident	תאונה
Camion	משאית
Carburant	דלק
Carte	מפה
Danger	סכנה
Freins	בלמים
Garage	מוסך
Gaz	גז
Licence	רישיון
Moteur	מנוע
Moto	אופנוע
Piéton	הולכי רגל
Police	משטרה
Route	כביש
Sécurité	בטיחות
Trafic	תנועה
Transport	תחבורה
Tunnel	מנהרה
Vitesse	מהירות
Voiture	מכונית

Corps Humain
גוף האדם

Bouche	פה
Cerveau	מוח
Cheville	קרסול
Cou	צוואר
Coude	מרפק
Cœur	לב
Doigt	אצבע
Estomac	קיבה
Épaule	כתף
Genou	ברך
Lèvres	שפתיים
Main	יד
Mâchoire	לסת
Menton	סנטר
Nez	אף
Oreille	אוזן
Peau	עור
Sang	דם
Tête	ראש
Visage	פנים

Créativité
יצירתיות

Artistique	אמנותי
Authenticité	אותנטיות
Clarté	בהירות
Compétence	מיומנות
Dramatique	דרמטי
Expression	ביטוי
Émotions	רגשות
Fluidité	נזילות
Idées	רעיונות
Image	תמונה
Imagination	דמיון
Impression	רושם
Inspiration	השראה
Intensité	עוצמת
Intuition	אינטואיציה
Inventif	המצאה
Sensation	תחושה
Spontané	ספונטני
Visions	חזיונות
Vitalité	חיוניות

Cuisine
מטבח

Baguettes	מקלות אכילה
Bol	קערה
Bouilloire	קומקום
Congélateur	מקפיא
Couteaux	סכינים
Cruche	כד
Cuillères	כפיות
Épices	תבלינים
Éponge	ספוג
Four	תנור
Fourchettes	מזלגות
Gril	גריל
Louche	מצקת
Nourriture	מזון
Pot	צנצנת
Recette	מתכון
Réfrigérateur	מקרר
Serviette	מפית
Tablier	סינר
Tasses	כוסות

Diplomatie
דיפלומטיה

Ambassade	שגרירות
Ambassadeur	שגריר
Citoyens	אזרחים
Communauté	קהילה
Conflit	התנגשות
Conseiller	יועץ
Coopération	שיתוף פעולה
Diplomatique	דיפלומטי
Discussion	דיון
Éthique	אתיקה
Étranger	זר
Gouvernement	ממשלה
Humanitaire	הומניטרי
Intégrité	יושרה
Justice	צדק
Politique	פוליטיקה
Résolution	רזולוציה
Sécurité	ביטחון
Solution	פתרון
Traité	אמנה

Disciplines Scientifiques
דיסציפלינות מדעיות

Anatomie	אנטומיה
Archéologie	ארכאולוגיה
Astronomie	אסטרונומיה
Biochimie	ביוכימיה
Biologie	ביולוגיה
Botanique	בוטניקה
Chimie	כימיה
Écologie	אקולוגיה
Géologie	גיאולוגיה
Immunologie	אימונולוגיה
Linguistique	בלשנות
Mécanique	מכניקה
Météorologie	מטאורולוגיה
Minéralogie	מינרלוגיה
Neurologie	נוירולוגיה
Physiologie	פיזיולוגיה
Psychologie	פסיכולוגיה
Sociologie	סוציולוגיה
Thermodynamique	תרמודינמיקה
Zoologie	זואולוגיה

Entreprise
עסקים

Argent	כסף
Boutique	חנות
Budget	תקציב
Bureau	משרד
Carrière	קריירה
Coût	עלות
Devise	מטבע
Employeur	מעסיק
Employé	עובד
Entreprise	חברה
Économie	כלכלה
Finance	מימון
Impôts	מסים
Investissement	השקעה
Marchandise	סחורה
Profit	רווח
Revenu	הכנסה
Transaction	עסקה
Usine	מפעל
Vente	מכירה

Échecs
שחמט

Adversaire	יריב
Apprendre	ללמוד
Blanc	לבן
Champion	אלוף
Concours	תחרות
Défis	אתגרים
Diagonal	אלכסון
Jeu	משחק
Joueur	שחקן
Noir	שחור
Passif	פסיבי
Points	נקודות
Reine	מלכה
Règles	כללים
Roi	מלך
Sacrifice	הקרבה
Stratégie	אסטרטגיה
Temps	זמן
Tournoi	טורניר

Électricité
למשח

Aimant	מגנט
Batterie	סוללה
Câble	כבל
Électricien	חשמלאי
Électrique	חשמלי
Équipement	ציוד
Fils	חוטים
Générateur	מחולל
Lampe	מנורה
Laser	לייזר
Négatif	שלילי
Objets	אובייקטים
Positif	חיובי
Prise	שקע
Quantité	כמות
Réseau	רשת
Stockage	אחסון
Téléphone	טלפון
Télévision	טלוויזיה

Énergie
אנרגיה

Batterie	סוללה
Carbone	פחמן
Carburant	דלק
Chaleur	חום
Diesel	דיזל
Entropie	אנטרופיה
Environnement	סביבה
Essence	בנזין
Électrique	חשמלי
Électron	אלקטרון
Hydrogène	מימן
Industrie	תעשייה
Moteur	מנוע
Nucléaire	גרעין
Photon	פוטון
Pollution	זיהום
Renouvelable	מתחדש
Soleil	שמש
Turbine	טורבינה
Vent	רוח

Épices
תבלינים

Aigre	חמוץ
Ail	שום
Amer	מריר
Anis	אניס
Cannelle	קינמון
Cardamome	הל
Coriandre	כוסברה
Cumin	כמון
Curry	קארי
Fenouil	שומר
Gingembre	ג'ינג'ר
Muscade	מוסקט
Oignon	בצל
Paprika	פפריקה
Poivre	פלפל
Réglisse	שוש
Safran	זעפרן
Saveur	טעם
Sel	מלח
Vanille	וניל

Éthique
אתיקה

Altruisme	אלטרואיזם
Bienveillant	נדיב
Compassion	חמלה
Coopération	שיתוף פעולה
Dignité	כבוד
Diplomatique	דיפלומטי
Gentillesse	חסד
Honnêteté	יושר
Humanité	האנושות
Intégrité	יושרה
Optimisme	אופטימיות
Patience	סבלנות
Philosophie	פילוסופיה
Raisonnable	סביר
Rationalité	רציונליות
Réalisme	מעשיות
Sagesse	חוכמה
Tolérance	סובלנות
Valeurs	ערכים

Famille
חדר משפחתי

Ancêtre	אב קדמון
Cousin	בן דוד
Enfance	ילדות
Enfant	ילד
Enfants	ילדים
Femme	אשה
Fille	בת
Frère	אח
Grand-Mère	סבתא
Grand-Père	סבא
Mari	בעל
Maternel	אימהי
Mère	אימא
Neveu	אחיין
Nièce	אחיינית
Oncle	דוד
Paternel	אבהי
Père	אבא
Soeur	אחות
Tante	דודה

Ferme #1
משק #1

Abeille	דבורה
Agriculture	חקלאות
Âne	חמור
Bison	ביזון
Champ	שדה
Chat	חתול
Cheval	סוס
Chèvre	עז
Chien	כלב
Clôture	גדר
Corbeau	עורב
Eau	מים
Engrais	דשן
Foin	חציר
Miel	דבש
Poulet	עוף
Riz	אורז
Troupeau	צאן
Vache	פרה
Veau	עגל

Ferme #2
קשמ #2

Agneau	הלט
Agriculteur	רכיא
Animaux	תויח
Blé	הטיח
Canard	זוורב
Fruit	תוריפ
Grange	םסא
Irrigation	היקשה
Lait	בלח
Lama	המאל
Légume	קרי
Maïs	סרית
Moulin à Vent	חור תנחט
Mouton	םישבכ
Nourriture	ןוזמ
Oies	םיזווא
Orge	הרועש
Pré	וחא
Ruche	תרווכ
Tracteur	רוטקרט

Fleurs
םיחרפ

Bouquet	רז
Gardénia	הינדרג
Hibiscus	סוקסיביה
Jasmin	ןימסי
Jonquille	סיקרנ
Lavande	רדנבל
Lilas	ךליל
Lys	ןשוש
Magnolia	הילונגמ
Marguerite	יזייד
Orchidée	בלחס
Passiflore	הרולפיסספ
Pavot	גרפ
Pétale	תרתוכ ילע
Pissenlit	יראה ןש
Pivoine	תינומדא
Rose	דרו
Tournesol	תינמח
Trèfle	ןתלת
Tulipe	ינועבצ

Force et Gravité
הדיבכה חוכו חוכ

Axe	ריצ
Centre	זכרמ
Découverte	יוליג
Distance	קחרמ
Dynamique	ימניד
Expansion	הבחרה
Friction	ךוכיח
Impact	העפשה
Magnétisme	תויטנגמ
Mécanique	הקינכמ
Mouvement	העונת
Orbite	לולסמ
Physique	הקיזיפ
Planètes	תכל יבכוכ
Poids	לקשמ
Pression	ץחל
Propriétés	םיסכנ
Temps	ןמז
Universel	ילסרבינוא
Vitesse	תוריהמ

Forêt Tropicale
םשג תורעי

Amphibiens	םייח-וד
Botanique	ינטוב
Climat	םילקא
Communauté	הליהק
Diversité	ןוויג
Espèce	םינימ
Indigène	דילי
Insectes	םיקרח
Jungle	לגנו'ג
Mammifères	םיקנוי
Mousse	בחט
Nature	עבט
Nuage	םיננע
Oiseaux	םירופיצ
Précieux	רקי
Préservation	רומיש
Refuge	טלקמ
Respect	דובכ
Restauration	רוזחש
Survie	תודרשיה

Fournitures d'Art
תונמא דויצ

Acrylique	קילירקא
Aquarelles	םימ יעבצ
Argile	סרח
Brosses	תושרבמ
Caméra	המלצמ
Chaise	אסיכ
Charbon	םחפ
Chevalet	רויצ ןכ
Colle	קבד
Couleurs	םיעבצ
Crayons	תונורפע
Créativité	תויתריצי
Eau	םימ
Encre	ויד
Gomme	קחמ
Huile	ןמש
Idées	תונויער
Papier	ריינ
Pastels	םילטספ
Table	הלבט

Fruit
תוריפ

Abricot	שמשמ
Ananas	סננא
Avocat	ודקובא
Baie	ירב
Banane	הננב
Cerise	ןבדבוד
Citron	ןומיל
Figue	הנאת
Framboise	לטפ
Goyave	הבאיוג
Kiwi	יוויק
Mangue	וגנמ
Melon	ןולמ
Nectarine	הנירטקנ
Orange	זותכ
Papaye	היאפפ
Pêche	קסרפא
Poire	סגא
Pomme	חופת
Raisin	ןפג

Géographie

היפרגואג

Altitude	הבוג
Atlas	סלטא
Carte	הפמ
Continent	תשבי
Fleuve	רהנ
Hémisphère	הרפסימה
Île	יא
Latitude	בחור וק
Mer	םי
Méridien	ןאידירמ
Monde	םלוע
Montagne	רה
Nord	ןופצ
Océan	סונייקוא
Ouest	ברעמ
Pays	הנידמ
Région	רוזא
Sud	םורד
Territoire	חטש
Ville	ריע

Géologie

היגולואיג

Acide	הצמוח
Calcium	ןדיס
Caverne	הרעמ
Continent	תשבי
Corail	גומלא
Couche	הבכש
Cristaux	םישיבג
Érosion	הקיחש
Fondu	תכתומ
Fossile	ןבואמ
Geyser	רזייג
Lave	הבל
Minéraux	םילרנימ
Pierre	ןבא
Plateau	המר
Quartz	ץרווק
Sel	חלמ
Stalactite	ןיטפ
Volcan	שעג רה
Zone	רוזא

Géométrie

הירטמואג

Angle	תיווז
Calcul	בושיח
Cercle	לגעמ
Courbe	המוקע
Diamètre	רטוק
Dimension	דממ
Équation	האושמ
Hauteur	הבוג
Logique	הקיגול
Masse	הסמ
Médian	ןויצח
Nombre	רפסמ
Parallèle	ליבקמ
Proportion	היצרופורפ
Segment	עטק
Surface	חטשמ
Symétrie	הירטמיס
Théorie	הירואית
Triangle	שלושמ
Vertical	יכנא

Gouvernement

הלשממה

Citoyenneté	תוחרזא
Civil	בידא
Constitution	הקוח
Démocratie	היטרקומד
Discours	רוביד
Discussion	ןויד
Droits	תויוכז
Égalité	ןויווש
État	בצמ
Indépendance	תואמצע
Judiciaire	יטופיש
Justice	קדצ
Liberté	תוריח
Loi	קוח
Monument	הטרדנא
Nation	המוא
National	ימואל
Paisible	וילש
Politique	הקיטילופ
Symbole	למס

Herboristerie

אפרמ יחמצ

Ail	םוש
Aromatique	יטמורא
Basilic	ןחיר
Bénéfique	ליעומ
Culinaire	ירנילוק
Estragon	ןוגרט
Fenouil	רמוש
Fleur	חרפ
Ingrédient	ביכרמ
Jardin	ןג
Lavande	רדנבל
Marjolaine	ןרוימ
Menthe	הטנמ
Persil	היליזורטפ
Qualité	תוכיא
Romarin	ןירמזור
Safran	ןרפעז
Saveur	םעט
Thym	ןימיט
Vert	קורי

Ingénierie

הסדנה

Angle	תיווז
Axe	ריצ
Calcul	בושיח
Construction	הייניב
Diagramme	םישרת
Diamètre	רטוק
Diesel	לזיד
Distribution	הצפה
Engrenages	םיכוליה
Énergie	היגרנא
Force	חוכ
Liquide	לזונ
Machine	הנוכמ
Mesure	הדידמ
Moteur	עונמ
Profondeur	קמוע
Propulsion	הענה
Rotation	בוביס
Stabilité	תוביצי
Structure	הנבמ

Instruments de Musique
כלי נגינה

Banjo	בנג'ו
Basson	בסון
Clarinette	קלרינט
Flûte	חליל
Gong	גונג
Guitare	גיטרה
Harmonica	מפוחית
Harpe	נבל
Hautbois	אבוב
Mandoline	מנדולינה
Marimba	מרימבה
Piano	פסנתר
Pilons	מקלות תיפוף
Saxophone	סקסופון
Tambour	תוף
Tambourin	תוף מרים
Trombone	טרומבון
Trompette	חצוצרה
Violon	כינור
Violoncelle	צ'לו

Jardin
גן

Arbre	עץ
Banc	ספסל
Buisson	בוש
Clôture	גדר
Étang	בריכה
Fleur	פרח
Garage	מוסך
Hamac	ערסל
Herbe	דשא
Jardin	גן
Mauvaises Herbes	עשבים שוטים
Pelle	את חפירה
Porche	המרפסת
Râteau	מגרפה
Roches	סלעים
Sol	אדמה
Terrasse	טרסה
Trampoline	טרמפולינה
Tuyau	צינור
Vigne	גפן

Jardinage
גינון

Botanique	בוטני
Bouquet	זר
Climat	אקלים
Comestible	אכיל
Compost	קומפוסט
Eau	מים
Espèce	מינים
Exotique	אקזוטי
Feuillage	ע.ל.ים
Feuille	עלה
Fleur	פריחה
Floral	פרחוני
Graines	זרעים
Humidité	לחות
Récipient	מיכל
Saisonnier	עונתי
Saleté	עפר
Sol	אדמה
Tuyau	צינור

Jazz
ג ' אז

Album	אלבום
Artiste	אמן
Célèbre	מפורסם
Chanson	שיר
Compositeur	מלחין
Composition	הרכב
Concert	קונצרט
Favoris	מועדפים
Genre	ז'אנר
Improvisation	אלתור
Musique	מוזיקה
Nouveau	חדש
Orchestre	תזמורת
Rythme	קצב
Solo	סולו
Style	סגנון
Talent	כישרון
Tambours	תופים
Technique	טכניקה
Vieux	ישן

Jours et Mois
ימים וחודשים

Août	אוגוסט
Avril	אפריל
Calendrier	לוח שנה
Dimanche	יום ראשון
Février	פברואר
Janvier	ינואר
Jeudi	יום חמישי
Juillet	יולי
Juin	יוני
Lundi	יום שני
Mardi	יום שלישי
Mars	מרץ
Mercredi	יום רביעי
Mois	חודש
Novembre	נובמבר
Octobre	אוקטובר
Samedi	יום שבת
Semaine	שבוע
Septembre	ספטמבר
Vendredi	יום שישי

L'Entreprise
החברה

Affaires	עסקים
Créatif	יצירתי
Décision	החלטה
Emploi	תעסוקה
Industrie	תעשייה
Innovant	חדשני
Investissement	השקעה
Possibilité	אפשרות
Présentation	מצגת
Produit	מוצר
Professionnel	מקצועי
Progrès	התקדמות
Qualité	איכות
Ressources	משאבים
Revenu	הכנסות
Réputation	מוניטין
Risques	סיכונים
Salaire	שכר
Tendances	מגמות
Unités	יחידות

Les Abeilles
דבורים

Ailes	כנפיים
Bénéfique	מועיל
Cire	שעווה
Diversité	גיוון
Essaim	נחיל
Fleur	פריחה
Fleurs	פרחים
Fruit	פירות
Fumée	עשן
Insecte	חרק
Jardin	גן
Miel	דבש
Nourriture	מזון
Plantes	צמחים
Pollen	אבקה
Pollinisateur	מאביק
Reine	מלכה
Ruche	כוורת
Soleil	שמש

Les Médias
התקשורת

Attitudes	עמדות
Commercial	מסחרי
Communication	תקשורת
En Ligne	מקוון
Édition	מהדורה
Éducation	חינוך
Faits	עובדות
Financement	מימון
Industrie	תעשייה
Intellectuel	אינטלקטואלי
Journaux	עיתונים
Local	מקומי
Magazines	מגזינים
Numérique	דיגיטלי
Opinion	דעה
Photos	תמונות
Public	ציבור
Radio	רדיו
Réseau	רשת
Télévision	טלוויזיה

Légumes
ירקות

Ail	שום
Artichaut	ארטישוק
Aubergine	חציל
Brocoli	ברוקולי
Carotte	גזר
Céleri	סלרי
Champignon	פטרייה
Citrouille	דלעת
Concombre	מלפפון
Échalote	שאלות
Épinard	תרד
Gingembre	ג'ינג'ר
Navet	לפת
Oignon	בצל
Olive	זית
Persil	פטרוזיליה
Pois	אפונה
Radis	צנון
Salade	סלט
Tomate	עגבניה

Littérature
ספרות

Analogie	אנלוגיה
Analyse	ניתוח
Anecdote	אנקדוטה
Auteur	מחבר
Biographie	ביוגרפיה
Comparaison	השוואה
Conclusion	סיכום
Description	תיאור
Dialogue	דיאלוג
Fiction	בדיוני
Métaphore	מטפורה
Narrateur	קריין
Poème	שיר
Poétique	פואטי
Rime	חרוז
Roman	רומן
Rythme	קצב
Style	סגנון
Thème	ערכת נושא
Tragédie	טרגדיה

Livres
ספרים

Auteur	מחבר
Aventure	הרפתקה
Collection	אוסף
Contexte	הקשר
Dualité	דואליות
Épique	אפי
Histoire	סיפור
Historique	היסטוריה
Humoristique	הומוריסטי
Inventif	המצאה
Lecteur	קורא
Littéraire	ספרותי
Narrateur	קריין
Page	דף
Pertinent	רלוונטי
Poème	שיר
Poésie	שירה
Roman	רומן
Série	סדרה
Tragique	טרגי

Maison
בית

Balai	מטאטא
Bibliothèque	ספרייה
Chambre	חדר
Cheminée	אח
Clés	מפתחות
Clôture	גדר
Cuisine	מטבח
Douche	מקלחת
Fenêtre	חלון
Garage	מוסך
Grenier	עליית גג
Jardin	גן
Lampe	מנורה
Miroir	מראה
Mur	קיר
Plafond	תקרה
Porte	דלת
Rideaux	וילונות
Tapis	שטיח
Toit	גג

Maladie
תולחמ

Abdominal	בטן
Allergies	אלרגיות
Chronique	כרוני
Contagieux	מדבק
Corps	גוף
Cœur	לב
Faible	חלש
Génétique	גנטי
Héréditaire	תורשתי
Immunité	חסינות
Inflammation	דלקת
Lombaire	מותני
Neuropathie	נוירופתיה
Os	עצמות
Pulmonaire	ריאתי
Respiratoire	נשימה
Santé	בריאות
Sinus	סינוס
Syndrome	תסמונת
Thérapie	טיפול

Mammifères
יונקים

Baleine	לוויתן
Chat	חתול
Cheval	סוס
Chien	כלב
Coyote	זאב ערבות
Dauphin	דולפין
Éléphant	פיל
Girafe	ג'ירפה
Gorille	גורילה
Kangourou	קנגורו
Lapin	ארנב
Lion	אריה
Loup	זאב
Mouton	כבשים
Ours	דוב
Renard	שועל
Singe	קוף
Taureau	שור
Tigre	נמר
Zèbre	זברה

Mathématiques
מתמטיקה

Angles	זוויות
Arithmétique	חשבון
Carré	כיכר
Degrés	מעלות
Décimal	עשרוני
Diamètre	קוטר
Exposant	מעריך
Équation	משוואה
Fraction	שבר
Géométrie	גאומטריה
Nombres	מספרים
Parallèle	מקביל
Parallélogramme	מקבילית
Périmètre	היקף
Polygone	מצולע
Rectangle	מלבן
Somme	סכום
Symétrie	סימטריה
Triangle	משולש
Volume	נפח

Mesures
מדידות

Centimètre	סנטימטר
Degré	תואר
Décimal	עשרוני
Gramme	גרם
Hauteur	גובה
Kilogramme	קילוגרם
Kilomètre	קילומטר
Largeur	רוחב
Litre	ליטר
Longueur	אורך
Masse	המסה
Mètre	מטר
Minute	דקה
Octet	בית
Once	אונקייה
Poids	משקל
Pouce	אינץ'
Profondeur	עומק
Tonne	טון
Volume	נפח

Méditation
מדיטציה

Acceptation	קבלה
Apprendre	ללמוד
Calme	רגוע
Clarté	בהירות
Compassion	חמלה
Esprit	מוח
Émotions	רגשות
Éveillé	ער
Gentillesse	חסד
Gratitude	הכרת תודה
Habitudes	הרגלים
Mental	נפש
Mouvement	תנועה
Musique	מוזיקה
Nature	טבע
Paix	שלום
Pensées	מחשבות
Perspective	פרספקטיבה
Posture	יציבה
Silence	שתיקה

Météo
מזג אוויר

Arc-En-Ciel	קשת
Atmosphère	אווירה
Brise	רו.ח.
Brouillard	ערפל
Ciel	רקיע
Climat	אקלים
Glace	קרח
Humide	לח
Mousson	מונסון
Nuage	ענן
Ouragan	הוריקן
Polaire	קוטב
Sec	יבש
Sécheresse	בצורת
Température	טמפרטורה
Tempête	סער
Tonnerre	רעם
Tornade	טורנדו
Tropical	טרופי
Vent	רוח

Mode

הנפוא

Boutique	קיטוב
Boutons	םינצחל
Broderie	המקר
Cher	רקי
Confortable	חונ
Dentelle	הרחת
Élégant	יטנגלא
Mesures	תודימ
Minimaliste	יטסילמינימ
Moderne	ינרדומ
Modeste	עונצ
Modèle	תינבת
Original	ירוקמ
Pratique	ישעמ
Simple	טושפ
Sophistiqué	םכחותמ
Style	ןונגס
Tendance	המגמ
Texture	םקרמ
Tissu	דב

Musique

הקיסומ

Album	םובלא
Ballade	הדלב
Chanter	רש
Chanteur	רמז
Classique	י ִסא ַלק
Enregistrement	הטלקה
Harmonie	הינומרה
Harmonique	ינומרה
Improviser	רתלאל
Instrument	ילכ
Lyrique	יריל
Mélodie	הניגנמ
Microphone	ןופורקימ
Musical	ימזחמ
Musicien	יאקיזומ
Opéra	הרפוא
Poétique	יטאופ
Rythme	בצק
Rythmique	יבצק
Vocal	ילוק

Mythologie

היגולותימ

Archétype	סופיטבא
Catastrophe	ןוסא
Comportement	תוגהנתה
Création	הריצי
Créature	רוצי
Croyances	תונומא
Culture	תוברת
Éclair	קרב
Force	חוכ
Guerrier	םחול
Héros	רוביג
Immortalité	ח ַצ ֶנ
Jalousie	האנק
Labyrinthe	ךובמ
Légende	הדגא
Magique	םוסק
Monstre	תצלפמ
Mortel	התומת ןב
Tonnerre	םער
Vengeance	המקנ

Nature

עבט

Abeilles	םירובד
Animaux	תויח
Arctique	יטקרא
Beauté	יפוי
Brouillard	לפרע
Désert	רבדמ
Dynamique	ימניד
Érosion	הקיחש
Feuillage	םי ִל ָע
Fleuve	רהנ
Forêt	רעי
Glacier	ןוחרק
Montagnes	םירה
Nuage	םיננע
Paisible	וילש
Sanctuaire	טלקמ
Sauvage	יארפ
Serein	הוולש
Tropical	יפורט
Vital	ינויח

Nombres

םירפסמ

Cinq	שמח
Deux	םייתש
Décimal	ינורשע
Dix	רשע
Dix-Huit	רשע הנומש
Dix-Neuf	הרשע עשת
Dix-Sept	הרשע עבש
Douze	רשע םינש
Huit	הנומש
Neuf	עשת
Quatorze	רשע העברא
Quatre	עברא
Quinze	רשע השימח
Seize	הרשע שש
Sept	עבש
Six	שש
Treize	הרשע שולש
Trois	שולש
Vingt	םירשע
Zéro	ספא

Nourriture #1

ןוזמ #1

Ail	םוש
Basilic	ןוחיר
Café	הפק
Cannelle	ןומניק
Carotte	רזג
Citron	ןומיל
Épinard	דרת
Fraise	הדש תות
Jus	ץימ
Lait	בלח
Navet	תפל
Oignon	לצב
Orge	הרועש
Poire	סגא
Salade	טלס
Sel	חלמ
Soupe	קרמ
Sucre	רכוס
Thon	הנוט
Viande	רשב

Nourriture #2

ןוזמ #2

Amande	דקש
Aubergine	ליצח
Banane	הננב
Blé	הטיח
Brocoli	ילוקורב
Cerise	ןבדבוד
Céleri	ירלס
Champignon	הייטפ
Chocolat	דלוקוש
Jambon	םח
Kiwi	יוויק
Mangue	וגנמ
Oeuf	הציב
Pain	םחל
Poisson	גד
Pomme	חופת
Poulet	ףוע
Raisin	ןפג
Riz	זרוא
Tomate	היינבגע

Nutrition

הנוזת

Amer	רירמ
Appétit	ןובאית
Calories	תוירולק
Comestible	ליכא
Diète	הטאיד
Digestion	לוכיע
Épices	םינילבת
Équilibré	ןזואמ
Fermentation	הסיסת
Glucides	תומימחפ
Liquides	םילזונ
Poids	לקשמ
Protéines	םינובלח
Qualité	תוכיא
Sain	אירב
Santé	תואירב
Sauce	בטור
Saveur	םעט
Toxine	ןלער
Vitamine	ןימטיו

Océan

סונייקוא

Anguille	חפולצ
Baleine	ןתיוול
Bateau	הריס
Corail	גומלא
Crabe	ןטרס
Crevette	ספמירש
Dauphin	ןיפלוד
Éponge	גופס
Huître	הפדצ
Marées	לפשו תואג
Méduse	הזודמ
Poisson	גד
Poulpe	ןונמת
Requin	שירכ
Récif	תינוש
Sel	חלמ
Tempête	הרעס
Thon	הנוט
Tortue	בצ
Vagues	םילג

Oiseaux

םירופיצ

Aigle	רשנ
Autruche	ןעי
Canard	זוורב
Cigogne	הדיסח
Corbeau	ברוע
Coucou	הייקוק
Cygne	רוברב
Flamant	וגנימלפ
Héron	הפנא
Manchot	ןיווגניפ
Moineau	רורד
Mouette	ףחש
Oeuf	הציב
Oie	זווא
Paon	סווט
Perroquet	יכות
Pélican	יאנקש
Pigeon	הנוי
Poulet	ףוע
Toucan	ןאקוט

Pays #1

תונידמ #1

Afghanistan	ןטסינגפא
Allemagne	הינמרג
Argentine	הניטנגרא
Brésil	ליזרב
Canada	הדנק
Espagne	דרפס
Équateur	רודווקא
Finlande	דנלניפ
Inde	ודוה
Israël	לארשי
Libye	בול
Mali	ילאמ
Maroc	וקורמ
Nicaragua	האוגרקינ
Norvège	היגוורונ
Panama	המנפ
Philippines	םיניפיליפה
Pologne	ןילופ
Roumanie	הינמור
Venezuela	הלאוצנו

Pays #2

תונידמ #2

Albanie	הינבלא
Chine	ןיס
Danemark	קרמנד
France	תפרצ
Haïti	יטיאה
Indonésie	היזנודניא
Irlande	דנלריא
Jamaïque	הקיימ'ג
Japon	ןפי
Kenya	הינק
Laos	סואל
Liban	ןונבל
Mexique	וקיסקמ
Ouganda	הדנגוא
Pakistan	ןטסיקפ
Russie	היסור
Somalie	הילמוס
Soudan	ןדוס
Syrie	הירוס
Ukraine	הניארקוא

Paysages

םיפונ

Cascade	לפמ
Colline	העבג
Désert	רבדמ
Estuaire	ךפש
Fleuve	רהנ
Geyser	רזייג
Grotte	הרעמ
Iceberg	ןוחרק
Île	יא
Lac	םגא
Marais	הציב
Mer	םי
Montagne	רה
Oasis	סיזאוא
Océan	סונייקוא
Péninsule	יאה יצח
Plage	ףוח
Toundra	הרדנוט
Vallée	קמע
Volcan	שעג רה

Philanthropie

היפורתנליפ

Besoin	ךרוצ
Buts	תורטמ
Charité	הקדצ
Communauté	הליהק
Contacts	רשק ישנא
Défis	םירגתא
Enfants	םידלי
Finance	ןומימ
Fonds	םיפסכ
Gens	םישנא
Générosité	תובידנ
Groupes	תוצובק
Histoire	הירוטסיה
Honnêteté	רשוי
Humanité	תושונאה
Jeunesse	רעונ
Mission	המישמ
Programmes	תוינכות
Public	רוביצ

Physique

הקיזיפ

Accélération	הצואת
Atome	םוטא
Chaos	סואכ
Chimique	ימיכ
Densité	תופיפצ
Expansion	הבחרה
Électron	ןורטקלא
Formule	החסונ
Fréquence	תורידת
Gaz	זג
Magnétisme	תויטנגמ
Masse	הסמ
Mécanique	הקינכמ
Molécule	הלוקלומ
Moteur	עונמ
Nucléaire	ינירעג
Particule	קיקלח
Relativité	תוסחי
Universel	ילסרבינוא
Vitesse	תוריהמ

Plage

ףוח

Bateau	הריס
Bleu	לוחכ
Coquilles	םיזגפ
Côte	ףוח
Crabe	ןטרס
Dock	ןגע
Île	יא
Lagune	הנוגל
Mer	םי
Nager	תוחשל
Océan	סונייקוא
Parapluie	הירטמ
Récif	תינוש
Sable	לוח
Sandales	םילדנס
Serviette	תבגמ
Soleil	שמש
Vacances	השפוח
Voilier	תישרפמ

Plantes

םיחמצ

Arbre	ץע
Baie	ירב
Bambou	קובמב
Botanique	הקינטוב
Buisson	חיש
Cactus	סוטקק
Engrais	ןשד
Feuillage	םי.ל.ע
Feuille	הלע
Fleur	חרפ
Forêt	רעי
Grandir	לודגל
Haricot	תיעועש
Herbe	אשד
Jardin	ןג
Lierre	סוסיק
Mousse	בחט
Pétale	תרתוכ ילע
Racine	שרוש
Végétation	הייחמצ

Professions #1

תועוצקמ #1

Ambassadeur	רירגש
Astronome	םונורטסא
Avocat	ןיד ךרוע
Banquier	יאקנב
Bijoutier	ןטישכת
Cartographe	ףרגוטרק
Chasseur	דייצ
Danseur	ןדקר
Entraîneur	ןמאמ
Éditeur	ךרוע
Géologue	גולואיג
Infirmière	תוחא
Médecin	רוטקוד
Musicien	יאקיזומ
Pianiste	ןרתנספ
Plombier	ברברש
Pompier	יאבכ
Psychologue	גולוכיספ
Scientifique	ןעדמ
Vétérinaire	רנירטו

Professions #2
מקצועות #2

Astronaute	אסטרונאוט
Bibliothécaire	ספרנית
Biologiste	ביולוג
Chercheur	חוקר
Chirurgien	מנתח
Dentiste	רופא שיניים
Détective	בלש
Enseignant	מורה
Illustrateur	מאייר
Ingénieur	מהנדס
Inventeur	ממציא
Jardinier	גנן
Journaliste	עיתונאי
Linguiste	בלשן
Médecin	רופא
Peintre	צייר
Philosophe	פילוסוף
Photographe	צלם
Pilote	טייס
Zoologiste	זואולוג

Psychologie
פסיכולוגיה

Clinique	קליני
Cognition	קוגניציה
Comportement	התנהגות
Conflit	התנגשות
Ego	אגו
Enfance	ילדות
Expériences	חוויות
Émotions	רגשות
Évaluation	הערכה
Idées	רעיונות
Inconscient	לא מודע
Influences	השפעות
Pensées	מחשבות
Perception	תפיסה
Personnalité	אישיות
Problème	בעיה
Réalité	מציאות
Rêves	חלומות
Sensation	תחושה
Thérapie	טיפול

Randonnée
טיולים רגליים

Animaux	חיות
Bottes	מגפיים
Camping	קמפינג
Carte	מפה
Climat	אקלים
Eau	מים
Falaise	צוק
Fatigué	עייף
Guides	מדריכים
Lourd	כבד
Météo	מזג אוויר
Montagne	הר
Nature	טבע
Orientation	נטייה
Parcs	פארקים
Pierres	אבנים
Préparation	הכנה
Sauvage	פראי
Soleil	שמש
Sommet	פסגה

Restaurant #2
מסעדה #2

Apéritif	מתאבן
Chaise	כיסא
Cuillère	כף
Déjeuner	ארוחת צהריים
Délicieux	טעים
Dîner	ארוחת ערב
Eau	מים
Épices	תבלינים
Fourchette	מזלג
Fruit	פירות
Gâteau	עוגה
Glace	קרח
Légumes	ירקות
Nouilles	אטריות
Oeuf	ביצים
Poisson	דג
Salade	סלט
Sel	מלח
Serveur	מלצר
Soupe	מרק

Réchauffement Climatique
התחממות כדור הארץ

Arctique	ארקטי
Changements	שינויים
Climat	אקלים
Crise	משבר
Développement	פיתוח
Données	נתונים
Environnemental	סביבתי
Énergie	אנרגיה
Futur	עתיד
Gaz	גז
Générations	דורות
Gouvernement	ממשלה
Habitats	בתי גידול
Industrie	תעשייה
International	בינלאומי
Législation	חקיקה
Maintenant	עכשיו
Populations	אוכלוסיות
Scientifique	מדען
Températures	טמפרטורות

Santé et Bien-Être #1
בריאות ובריאות #1

Actif	פעיל
Bactéries	חיידקים
Blessure	פציעה
Clinique	מרפאה
Faim	רעב
Fracture	שבר
Habitude	הרגל
Hauteur	גובה
Hormone	הורמונים
Médecin	דוקטור
Médicament	רפואה
Muscles	שרירים
Os	עצמות
Peau	עור
Pharmacie	בית מרקחת
Posture	יציבה
Relaxation	הרפיה
Réflexe	רפלקס
Traitement	טיפול
Virus	נגיף

Santé et Bien-Être #2
בריאות ורביאות 2#

Allergie	אלרגיה
Anatomie	אנטומיה
Appétit	תיאבון
Calorie	קלוריה
Corps	גוף
Déshydratation	התייבשות
Énergie	אנרגיה
Génétique	גנטיקה
Hôpital	בית חולים
Hygiène	היגיינה
Infection	זיהום
Maladie	חולי
Massage	עיסוי
Nutrition	תזונה
Poids	משקל
Récupération	שחזור
Sain	בריא
Sang	דם
Stress	לחץ
Vitamine	ויטמין

Science-Fiction
מדע בדיוני

Atomique	אטומי
Cinéma	קולנוע
Dystopie	דיסטופיה
Explosion	פיצוץ
Extrême	קיצוני
Fantastique	פנטסטי
Feu	אש
Futuriste	עתידני
Galaxie	גלקסיה
Illusion	אשליה
Imaginaire	דמיוני
Livres	ספרים
Monde	עולם
Mystérieux	מסתורי
Oracle	אורקל
Planète	כוכב לכת
Robots	רובוטים
Scénario	תרחיש
Technologie	טכנולוגיה
Utopie	אוטופיה

Sport
ספורט

Athlète	ספורטאי
Capacité	יכולת
Cardiovasculaire	לב וכלי דם
Corps	גוף
Danse	ריקוד
Diète	דיאטה
Endurance	סיבולת
Entraîneur	מאמן
Force	כוח
Jogging	ריצה
Maximiser	למקסם
Métabolique	מטבולי
Muscles	שרירים
Nager	לשחות
Nutrition	תזונה
Objectif	מטרה
Os	עצמות
Programme	תכנית
Santé	בריאות
Sports	ספורט

Temps
זמן

Année	שנה
Annuel	שנתי
Après	לאחר
Avant	לפני
Bientôt	בקרוב
Calendrier	לוח שנה
Décennie	עשור
Futur	עתיד
Heure	שעה
Hier	אתמול
Horloge	שעון
Jour	יום
Maintenant	עכשיו
Matin	בוקר
Midi	צהריים
Minute	דקה
Mois	חודש
Nuit	ליל
Semaine	שבוע
Siècle	מאה

Types de Cheveux
סוג שיער

Argent	כסף
Blanc	לבן
Blond	בלונדיני
Boucles	תלתלים
Brillant	מבריק
Chauve	קירח
Coloré	צבעוני
Court	קצר
Doux	רך
Épais	עבה
Frisé	מתולתל
Gris	אפור
Long	ארוך
Marron	חום
Mince	רזה
Noir	שחור
Ondulé	גלי
Sain	בריא
Sec	יבש
Tressé	קלוע

Univers
יקום

Astéroïde	אסטרואיד
Astronome	אסטרונום
Astronomie	אסטרונומיה
Atmosphère	אווירה
Ciel	רקיע
Cosmique	קוסמי
Équateur	קו המשווה
Galaxie	גלקסיה
Hémisphère	המיספרה
Horizon	אופק
Latitude	קו רוחב
Longitude	אורך
Lune	ירח
Obscurité	חושך
Orbite	מסלול
Solaire	שמש
Solstice	היפוך
Télescope	טלסקופ
Visible	גלוי
Zodiaque	גלגל המזלות

Vacances #2

שפון #2

Aéroport	הפועת הדש
Camping	גניפמק
Carte	הפמ
Destination	דעי
Étranger	רז
Hôtel	ןולמ
Île	יא
Loisir	יאנפ
Mer	םי
Passeport	ןוכרד
Plage	ףוח
Restaurant	הדעסמ
Réservations	תונמזה
Taxi	תינומ
Tente	להוא
Train	תבכר
Transport	הרובחת
Vacances	גח
Visa	הזיו
Voyage	עסמ

Véhicules

בכר ילכ

Ambulance	סנלובמא
Avion	סוטמ
Bateau	הריס
Bus	סובוטוא
Camion	תיאשמ
Caravane	ןאוורק
Ferry	תרובעמ
Fusée	הטקר
Hélicoptère	קוסמ
Métro	תיתחת תבכר
Moteur	עונמ
Navette	תועסה
Pneus	םיגימצ
Radeau	הדוספר
Scooter	עונטק
Sous-Marin	תללוצ
Taxi	תינומ
Tracteur	רוטקרט
Vélo	םיינפוא
Voiture	תינוכמ

Vêtements

םידגב

Bijoux	םיטישכת
Bracelet	דימצ
Ceinture	הרוגח
Chapeau	עבוכ
Chaussettes	םייברג
Chaussure	לענ
Chemise	הצלוח
Collier	תרשרש
Foulard	ףיעצ
Gants	תופפכ
Jeans	סני'ג
Jupe	תיאצח
Manteau	ליעמ
Mode	הנפוא
Pantalon	םייסנכמ
Pull	רדווס
Pyjama	המ'גיפ
Robe	הלמש
Sandales	םילדנס
Tablier	רניס

Ville

ריעה

Aéroport	הפועת הדש
Banque	קנב
Bibliothèque	הירפס
Boulangerie	הייפאמ
Cinéma	עונלוק
Clinique	האפרמ
École	רפס תיב
Fleuriste	םיחרפ
Galerie	הירלג
Hôtel	ןולמ
Librairie	םירפס תונח
Marché	קוש
Musée	ןואיזומ
Pharmacie	תחקרמ תיב
Restaurant	הדעסמ
Stade	ןוידטצא
Supermarché	טקרמרפוס
Théâtre	ןורטאית
Université	הטיסרבינוא
Zoo	תויח ןג

Félicitations

Vous avez réussi !

Nous espérons que vous avez apprécié ce livre autant que nous avons pris plaisir à le concevoir. Nous faisons de notre mieux pour créer des livres de la meilleure qualité possible.
Cette édition est conçue pour permettre un apprentissage intelligent et de qualité en se divertissant !

Vous avez aimé ce livre ?

Une Simple Demande

Nos livres existent grâce aux avis que vous publiez. Pourriez-vous nous aider en laissant un avis maintenant ?

Voici un lien rapide qui vous mènera à votre page d'évaluation de vos commandes :

BestBooksActivity.com/Avis50

CHALLENGE FINAL !

Défi n°1

Êtes-vous prêt pour votre jeu bonus ? Nous les utilisons tout le temps mais ils ne sont pas si faciles à trouver. Voici les **Synonymes** !

Notez 5 mots que vous avez trouvés dans les puzzles notés ci-dessous (n°21, n°36, n°76) et essayez de trouver 2 synonymes pour chaque mot.

Notez 5 Mots du **Puzzle 21**

Mots	Synonyme 1	Synonyme 2

Notez 5 Mots du **Puzzle 36**

Mots	Synonyme 1	Synonyme 2

Notez 5 Mots du **Puzzle 76**

Mots	Synonyme 1	Synonyme 2

Défi n°2

Maintenant que vous vous êtes échauffé, notez 5 mots que vous avez découverts dans les Puzzles n° 9, n° 17, n° 25 et essayez de trouver 2 antonymes pour chaque mot. Combien pouvez-vous en trouver en 20 minutes ?

Notez 5 Mots du **Puzzle 9**

Mots	Antonyme 1	Antonyme 2

Notez 5 Mots du **Puzzle 17**

Mots	Antonyme 1	Antonyme 2

Notez 5 Mots du **Puzzle 25**

Mots	Antonyme 1	Antonyme 2

Défi n°3

Formidable ! Ce défi final n'est rien pour vous.

Prêt pour le dernier défi ? Choisissez 10 mots que vous avez découverts parmi les différents puzzles et notez-les ci-dessous.

1.	6.
2.	7.
3.	8.
4.	9.
5.	10.

Maintenant, composez un texte en pensant à une personne, un animal ou un lieu que vous aimez !

Astuce: Vous pouvez utiliser la dernière page de ce livre comme brouillon !

Votre Composition :

CARNET DE NOTES :

À TRÈS BIENTÔT !

Toute l'équipe

DECOUVREZ DES JEUX GRATUITS

GO

↓

BESTACTIVITYBOOKS.COM/FREEGAMES